中国社会の
二元構造と「顔」の文化

The Dual Structure of Chinese Society and
the Culture of 'Face'

李 明伍 [著]
Mingwu Li

有信堂

はしがき

　私が中国社会における「顔」現象を学問的に捉えるようになったのは今から20数年も前のことである。20世紀の90年代初期，現代中国官僚制の研究を続けていたが，官僚の行為が明文化された規則によってというよりも，「顔」によって大きく回路づけられており，制度，規定の変化だけを辿っていたのでは官僚制支配そのものの本質を見誤る恐れがあったため，官僚制研究の一環として「顔」の構造，ルールについて考察を進めることとなった。
　そして研究を進めるうちに社会成員の意識，行動を深層において回路づける「顔」の文化が社会体制の性格づけ，ひいては社会構造のダイナミズムの方向づけに，一般的に考えられている以上に重要な影響を及ぼしているのではないかという認識に至り，中国社会研究の基礎的作業として「顔」の全体像の整理，そして「顔」の構造の究明に研究を集中するようになり，今般その成果を世に問う運びとなった。この研究は継続中でもあり，その意味では中間報告という表現が適切かも知れない。
　中国社会における「顔」の重要性については多くの著名人が一様に言及するところであるが，しかしそのわりには「顔」の体系的研究は進んでいない。管見ではこれまでの「顔」の研究は，言説の素描に傾斜しすぎていることもあって構造的な分析が深められていない部分が大きく，また，社会全体とのかかわりを視野に入れた体系的な分析がそれほど進展していないように思われる。そのような認識のもと私は「顔」現象の構造的分析を通して「顔」が利的すなわち手段的「顔」，義的すなわち倫理的「顔」，名的すなわち自己

実現的「顔」という三つの側面からなる,三位一体の構造をなしていることを確認し,それぞれの「顔」の展開,メカニズムについて考察を進めることとなった。

分析的には,利的「顔」の展開は経済に典型的に見られるような社会資源配分メカニズムと関連し,義的「顔」の展開は,道徳,倫理を含む社会規範体系につながり,名的「顔」の展開は社会の価値体系を照射するものとして捉えることができる。このように三つの「顔」は社会の重要な部分と対応しており,その分析により社会全体の構造にスポットライトが当てられることとなる。

「顔」現象の分析からは本書でいう二元社会構造が浮かび上がるが,この二元構造は体制のような表層レベルにとどまる問題ではなく,社会構造レベルの問題であるため,短期間内に構造的転換が行われることは考えにくい。しかしながらこのような二元構造,「顔」の文化への認識を深めていくことは,体制を含めた社会変革の促進につながるとはいえよう。

中国社会の二元構造と「顔」の文化／目　次

はしがき　i

プロローグ　「顔」と社会 ──────────── 3

 （1）　中国社会の展望の難しさと「本土化」研究　3
 （2）　中国社会を解く鍵は「顔」にあり　7
 （3）　分析枠組みとしての「顔」　10

第1部　「顔」と社会資本

第1章　二元社会構造と「潜規則」現象 ──────────── 17

 1・1　制度と行為における二元構造　17
 1・2　「潜規則」現象　21
  1・2・1　「潜規則」の構造（22）
  1・2・2　原因論とその問題点（26）

第2章　社会の不確実性と信頼の構造 ──────────── 33

 2・1　中国社会と一般信頼──中国は低信頼社会か　33
 2・2　信頼論的アプローチの諸相　35
 2・3　中国の信頼類型と行動様式　39

第3章　「人情」原理と社会資源配分 ──────────── 49

 3・1　「人情」現象　49
 3・2　「人情」の概念構成　51
 3・3　社会資源配分の要としての「人情」原理　54

第2部　「顔」と社会規範

第4章　「関係網」の展開と家(Jia)文化 ———— 69

 4・1　「関係社会」の語られ方　69

 4・2　「関係」の諸相と「関係圏」の構造　71

 4・3　社会関係のプロトタイプ　75

 4・4　ネットワーク指向と階層論の限界　83

第5章　「公」と組織社会の編成原理 ———— 89

 5・1　「公」と共同空間　89

 5・2　社区にみる「公」の再生産メカニズム　92

  5・2・1　単位社会の解体と社区サービスの展開
    ――「自己服務」と「自治」(93)

  5・2・2　社区建設の展開と行政化
    ――「自己管理・自己監督」と「自治」(99)

  5・2・3　社区運動と党の影響力の浸透(108)

  5・2・4　常識理性と「第三の手」(115)

第3部　「顔」と社会価値

第6章　自己実現と「名」 ———— 125

 6・1　「顔」の分化と「名」　125

 6・2　伸縮する「名」と自己実現　129

 6・3　「比較の文化」と構造的不安　134

エピローグ 「顔」社会の再生産 ———————————— 145
　　（1）「顔」の規則性と恥　145
　　（2）「顔」社会の今後の展望　147

引用・参考文献　151

あとがき　167

索引　171

中国社会の二元構造と「顔」の文化

プロローグ 「顔」と社会

（1） 中国社会の展望の難しさと「本土化」研究

　中国社会は複雑な様相を呈しており，将来への展望は難しい。これは多くの中国研究者が指摘するところである。主に社会階層の視点から中国社会を研究している園田茂人［2008b］は，第一線で活躍している中国の社会学者に対してインタビューを行っているが，ほぼ全員が将来への展望の難しさを示唆している[1]。また，日本の中国社会論，とりわけ制度論的アプローチの場合，同じように中国社会に対する展望の面で難問を抱えているように思われる。例えば加々美光行［2007］は，現代中国政治研究で知られる毛里和子がその著（『現代中国政治』名古屋大学出版会，1993）で「中国はしばしば観察者をうらぎる」と述べていることや，同じく現代中国研究で知られる天児慧がその著（『中国―溶変する社会主義大国』東京大学出版会，1992）で「わが国の中国研究はなぜかくも一貫してその時の中国の"現実"に翻弄され続けてきたのか」と述べていることを引用しながら「日本の現代中国研究の専門家たちは例外なく，現代中国の現実を客観的に正しく認識することの困難，あるいは将来予測の困難を指摘し」［加々美，2007，p.3］ていると述べている。その原因は複数考えられるが，中でも中国社会の極端な二元構造と研究者の制度論的アプローチへの偏重が重要のように思われる。
　市場経済化が制度的には推し進められているが，必ずしも予想通りに進展しているわけではなく，「人情」や「関係」のような，中国社会における生活文化の影響を強く受けていること，そしてそれにより社会が表面的な制度的

側面と，実質的な文化的側面とに，極端に二元構造化することにより，従来のような，あるいは既存の西欧近代科学的方法論による制度論的アプローチでは，社会の展望が難しくなったと言える。そこで「もう一つの見えざる手」[李培林, 1995]，すなわち経済メカニズムでもなく，また政治的制度でもない，社会 - 文化的メカニズムという「第三の手」が注目されるようになり，それが「本土化」研究へとつながった[2]。

　中国社会論における「本土化」研究は，1970年代末から1980年代にかけて台湾，香港から始まり，その後中国大陸をも巻き込む形で研究が進められ，今日においても大きな影響を及ぼしている。「本土化」研究とは端的にいえば，本土文化即ち中国文化の視点の導入による中国人の心理，行動，社会の研究のことであり[3]，それには西欧近代科学的方法論への反省の意味合いも込められている。「本土化」とは具体的には「文化の中の個人」という立場をとることである[楊中芳・彭泗清, 2005, p.492]と主張する研究者がいるほど，従来の研究，とりわけ心理学的アプローチでは文化が無視ないし軽視されてきたと言える。そのこともあって，「本土化研究」は，社会心理学者たちの呼びかけによって始まり，その後社会学，人類学，歴史学などをはじめとする多くの人文社会系科学の研究者が合流するようになり，学際的な研究の流れを形成するに至っている[4]。

　今日の「本土化」研究は1980年代から盛んになったのであるが，実は1930年代から1940年代初めにかけても同じような学術潮流があった。それは主に人類学，社会学の分野においてのことであるが，欧米留学から帰国した研究者たちが，欧米の理論と中国の実情の乖離に気付き，中国実情にあった研究方法を模索するようになったのがその始まりである。中国社会論では世界的に有名な費孝通もこの時期に参与観察法で社区調査を行うとともに，中国独特の村の類型を整理し，また「差序格局」（この概念については後述する）をはじめとする数多くの「本土化」学術概念を提示している。社区研究は今日の中国社会論の重要な部分を占めており，その研究方法も，中国の実情に合った本土的分析枠組みが強調される傾向があるが，その伝統は1930年代

から1940年代初めにかけて始まったものだったのである。この時期の「本土化」的研究は他にも家族，宗族研究を通して中国人の特質を明らかにしようとする試み[5]，郷村建設の実験[6] などが有名である。

このように，今日の「本土化」研究は20世紀30，40年代の「本土化」的研究にそのルーツを認めることもできるが，しかし1980年代から盛んになったのには，時代的背景や，従来の研究方法では中国社会に対する展望が難しくなってきたという現実があったと思われる。

時代的背景としては，ポストモダニズム，脱オリエンタリズム，ポストコロニアリズムなどの思潮が香港，台湾だけでなく中国大陸の社会科学にも大きな影響を及ぼすようになり，近代科学的方法論に対する見直しないし脱構築が試みられるようになったことが挙げられるが，これについては今さら説明するまでもないと言えよう。中国独自の問題としてより重要なのは後者，すなわち中国社会に対する展望が描きづらくなったという現実のように思われる。

そのような中で日本の中国研究では中国思想に由来する「混沌」という非西欧近代科学的な視点によりつつ，生活文化における「生活指針」を手掛かりに中国社会の秩序を究明しようとする試み［中村則弘，2008, pp.195-224］も脚光を浴びるようになった。その意味では，日本の中国社会論においても「本土化」研究はあるが，その場合，「本土化」という自覚はあまり見られない。主に台湾，香港，中国大陸の中国社会論において「本土化」研究が展開されている。

ところで，今日の「本土化」研究は主に三つの方向性をもつように思われる。それらは「本土実践」指向，「本土化概念」指向[7]，「本土思想」指向の三つである。中国の社会体制は当局の「中国的特色のある社会主義の建設」というスローガンに見られるように，前例のない試行錯誤の実践によるものであり，その社会的実験ないし社会実践に多くの社会研究者が関わってきた。

2000年から本格的に始まった「社区建設」もその一例である。とりわけ中国の改革開放政策は，先ず一部の区域で試行され，その後その経験を踏まえ

て実施区域を拡大していき，最終的に全国展開するというパターンがとられてきたが，「社区建設」も同じような形で展開され，その過程において多くの研究者が構想の提示，経験の総括，新たな展望という形で，中国社会の特質に関する知見の獲得に努めている。このような傾向の強い研究をここでは「本土実践」指向と呼ぶこととする。

2番目の「本土化概念」指向とは，欧米起源の既存学問の分析概念をできるだけ避け，その代わりに「人情」，「面子」，「関係」，「報」といった生活文化の概念を分析概念として中国社会論の展開を試みる傾向の研究のことであり，そして3番目の「本土思想」指向とは，「本土化概念」指向とも関連するが，社会哲学レベルの「陰陽」，「混沌」といった中国思想を分析枠組みの基礎理論として中国社会論の展開を試みる傾向の研究のことである[8]。ただ，実際研究者本人が「本土化」研究者として自覚しているのは主に2番目と3番目であるが，3番目の「本土思想」指向は，今のところそれほど多くない。

中国の社会-文化コンテクストを強調する「本土化」研究的アプローチにより，中国社会の多くの特質が明らかになったが，問題点も多く存在する。まず，伝統文化空間と現代生活文化空間の混同が見られることが挙げられる。「本土化」概念としての「臉面(れんめん)」，「人情」，「関係」，「報」，「自己人」などは生活文化空間における概念なので，生活空間における様々な要因によって形成され，再生産されていることは言うまでもないが，多くの研究者はそれらの原因を伝統文化に求める傾向が強い。進行形の生活文化はもちろん伝統文化の影響を強く受けているが，伝統文化そのものとして捉えることはできない。しかもその伝統文化の場合，主に儒教が強調されるが，しかし，儒家の言説には当為論的ないし建前論的性格のものも多いように思われ，その教えがそのまま当時の生活者の価値観として定着していたかどうかは，断言が難しいところでもある。したがって，その教えを現代生活空間における「本土化概念」の原因として捉えようとすれば，二重の短絡が生じることとなる。その一つが儒教の教えと当時の生活者の価値観との関係に関する説明の欠落によるものであり，いま一つは，伝統文化空間における生活者の価値観

と現代生活文化空間の生活者の価値観との関係に関する説明の欠落によるものである。

次に，脱オリエンタリズム的理念と西欧基準の現実の併存による問題が挙げられよう。「中華思想」の復権とは言えないが，「本土化」，「中国化」を唱える研究者には，本土文化すなわち中国文化に対する自負ないし自文化中心主義的な傾向も見られる。ただし，近代的空間においては，西欧的価値観，方法論が普遍的な基準として君臨しており，それを乗り越えようとする脱オリエンタリズム的理念が「本土化」研究の基調をなしていると言える。しかし他方では，本土文化内において完成されると思われている「本土化概念」が，実際は西欧的基準によって意味づけられ，性格づけられる傾向も見られるのである。例えば，「臉面」およびその派生物としての「個人的地位」の概念化に影響する「役割」と「地位」，そして「人情」の捉え方に影響する「合理性」などはその一端を示している。

このことの主な原因は，比較の対象が意識的，無意識的に欧米になっていることにあるように思われる。そもそも「本土化」研究は広義の文化研究であり，したがって比較研究とならざるを得ない。しかし，その比較の対象が，そこから脱しようとする欧米文化であっては，本来の企図の達成はおろか，中立的な比較による斬新な発見も難しくなる。もちろんこれは欧米との中立的な比較自体を否定するものではない。

既存研究にこのような問題はあるものの「本土化」研究自体は西欧経験をベースとした枠組みによる中国社会研究の限界を克服する重要な試みであり，この方向性を洗練化していくことは中国社会の本質究明において必要不可欠のように思われる。

（2） 中国社会を解く鍵は「顔」にあり

「本土化概念」研究に登場する「臉面」[9]，「人情」，「関係」などは，狭義では主体のアイデンティティのあり方，そして主体間コミュニケーションの動

態，さらにそのコミュニケーションの関係への構造化という社会の三つの分析的要素に分類されるが，しかしそれぞれの社会現象，概念は相互に連関しており，別々に捉えることはできない。むしろ同一体の諸側面という性格が強く，「顔」（「臉面」）がその象徴として認識されているように思われる。

　ここにおける「顔」はもちろん生物学的な顔ではなく，社会学的な顔のことであり，したがって基本的には「他我の意識に形成されているであろう自我の人格のイメージ」［李明伍，1998, p.13］のことと言える。このことに限って言えば，「顔」は中国社会特有のものではない。しかしもう少し詳しく分析した場合，他我（以下他者）は特定の存在と不特定の存在に分けられるが，どちらがより重視されるのか，また，意識的にイメージを操作する度合いは相対的に高いか低いか，さらに，もっとも重要と思われることだが，どのようなイメージを人々は求めているのか，などは社会によって異なってくる。中国社会の顔の実態はこれらの違いへの着目によって捉えられるのである。

　「顔」が中国社会においてとりわけ重要な意味をもつことは自他とも認めるところである。魯迅が「面子」は中国人の「精神綱領」であると表現している［魯迅，1992］ことや，魯迅同様思想文化の面で中国社会に多大な影響を及ぼしている林語堂（りんごどう）が中国人にとって面子は運命や憲法よりも重要であると主張している［林語堂，1992］ことなどが端的に示すように，共産党政権以前の中国社会において「顔」は非常に重要視されていたし，今日においても「面子工程」や「面子消費」[10]といった社会問題を挙げるまでもなく，「顔」の重要性は社会の常識となっていると言っても過言ではない。現代中国の著名な知識人田玉川（でんぎょくせん）は中国の「顔」現象を散文調で紹介した『面子学』（台湾先智，2001 年）の中で，中国社会において面子のことがわかるかどうかは人間として生きていけるかどうかの問題であるという認識を示し，「顔」現象の本質的なものとして 22 の面子関連熟語を取り上げているが，中国においては「顔」に関する表現は非常に発達している。「愛面子」（面子にこだわる），「争面子」（面子を争う），「講面子」（面子を準則として大事にする），「看面子」（面子の大小を見極める，面子に配慮する），「給面子」（面子を与える，顔を立てる），

「丢（diu）面子」（面子を失う），「保面子」（面子を守る，面子を保つ），「用面子」（面子を用いる），「損面子」（面子を貶（おとし）める），「借面子」（面子を借りる）などなど関連熟語表現はきわめて多い。これらの「顔」に関する表現からは「顔」が人々の行動を強く規制していることが読みとれるが，ここからもその重要性が確認される。

　また，「メンツ」や「saving-face」という外来語として日本語や英語に仲間入りしていることからもわかるように，中国社会の「顔」は外部に強い影響を与え続けてきた。アメリカの世界的な社会学者 E. ゴッフマンの著名な社会学理論——ドラマトゥルギー論にも中国社会の「顔」文化の影響が確認される。彼の一連の演技論につながる初期の論文「On Face-Work」（1955）[11]は中国社会における「顔」の文化についての古典的な先行研究（中国人の演技的性格を表す「顔」文化を伝えた Smith, Arthur H. の「Chinese characteristics」〔1894〕[12]，中国人の「顔」文化について文化人類学の視点で分析を行った Hu, Hsien Chin の「The Chinese Concept of 'Face'」〔1944〕[13] など）の影響下で作成されたものでそこでは「顔」（face）が対面的相互行為における儀礼的秩序の主要原理として捉えられ，「face-work」による秩序は社会を構成する上で必要不可欠という認識が示されている。「顔」（face）が尊重の対象としての人格の象徴として一般化される傾向が確認されるが，このような問題点があるにせよ「顔」論的パースペクティブは重要な社会論と言わねばならない。このような社会論を踏まえて「顔」の文化的側面に着目すればより一層社会への視野が広がることは言うまでもない。

　前述のように中国社会における「顔」が人々の「精神綱領」であり，「運命」や「憲法」よりも重視されるといった認識が広く支持されることからも，「顔」は中国社会・中国人を理解する上でとりわけ重要意味をもつと言えよう。したがって一般的論説文は言うまでもなく，学術的論文においても「顔」に関する言及は少なくないが，しかし正面からの研究はそれほど多くない。それはかつて魯迅や林語堂らが，「面子」は中国人の「精神綱領」のようなものだが，その中身は捉え難く［魯迅, 1992, p.38］，運命や憲法より重視

されるが，定義が難しい［林語堂，1992，p.175］と嘆いたように，「面子」の意味構造は複雑であり，また日常的な用語である，といった事情にもよるものと思われる。

（3） 分析枠組みとしての「顔」

　中国社会の「顔」文化について論ずるにあたり，人間社会における「顔」の一般性について認識を深めておく必要があろう。形式合理性の支配する現代社会においては，「顔」は単なる個体識別のためのしるしとして規定される傾向を強く有する。しかし時空を考慮に入れれば，顔は無限の表情（表現）をもつと言えるのであり，実際具体的な生活の場面では，われわれは時として自覚のレベルにおいても相手の意外な一面（顔）に触れて感動し，そして，それによって人生観を含む価値観までも変えたりすることがある。つまり顔は支配的ルールによって「管理されるモノ」と見なされがちだが，しかし自らも意味（ルール）を生成する主体であることには違いない。

　「おもて（面）」という特殊文化現象から顔の普遍的性格への接近を試みる哲学者の坂部恵［2009＝1976］によれば，顔は意味世界の重心である[14]。つまり混沌の状態から「おのれ」（我）と「おのれ」（汝）の相互現前によって意味が立ち現れるはざまという捉え方であるが，筆者の前述の認識はこれと基本的に一致する[15]。ただし，坂部の議論においては「西ヨーロッパ的なロゴスの対自化」［坂部恵・山崎賞選考委員会，1978，p.147］という「使命」もあって，自他分離の可能性の示唆はあるものの，前段階の「混沌」や「おのれ・手前」といういわゆる「原人称」が強調されすぎているなど，人間の言語拘束性がいささか軽視されており[16]，この点については，筆者は違った認識をもつ。

　要するに，顔は他者を前提としており，その点で意味の発生源と言えるのであり，またその意味によって社会的行動が回路づけられると言える。意味世界の重心という表現はこのような視点においても成り立つ。ただし既存社会秩序がこの全過程に強く影響するということは言うまでもない。

この認識をさらに敷衍して言えば，顔はその人の全体の表現であるだけでなく，他者・社会との関係の現れでもある。したがって，言説を含め顔現象を考察することにより，その人の人格と社会関係に接近することができ，ひいては社会構造の理解につながる。つまり，「顔」には次のような問題系が確認される。①アイデンティティの問題系。この中には，尊厳，名誉，名声，などの問題が含まれる。自己実現やいわゆる精神的欲求などもこの問題系に含まれよう。②コミュニケーションの問題系。「顔」を媒介とした社交儀礼，自己呈示，ゴッフマン流の演技論，などの問題群をはじめ，象徴レベルのコミュニケーション，いわゆる社会的欲求関連問題がこの中に含まれる。③社会的交換の問題系。（中国社会に関して言えば）「顔」が前提となっている，「関係」，「関係網」，「人情」などの現象のうち，とりわけいわゆる経済的欲求に関する問題群などがこの中に含まれる。このように「顔」は普遍性をもつのであり，その分析は当該社会の仕組みの把握に通ずる[17]。もっとも「顔」と社会の関わり方が社会ごとに異なることは言うまでもなく，したがって「顔」の文化の究明が重要となってくる。

　人間は文化・意味を生きるため世俗的な社会の場合，社会における（すなわち他者とのコミュニケーションを通して）自らの意味ないし存在意義を確認することとなるが，この文脈で問題となるのがアイデンティティや自己実現と言える。これは尊厳，名誉，名声を含む名の問題とも言えよう。そして人間は社会を生きるため他者との最低限のルールを守る必要が生じる。もちろん社会的連帯（愛）への欲求による積極的な調和姿勢がベースにあることも否定できない。少なくとも道徳や倫理がこの文脈で問題となるが，これは義の問題と言い換えてもよい。さらに，人間は生物学的存在でもあるため能力が価値をもつ。この文脈で問題となるのが利である[18]。要するに，われわれは社会生活の中で，自らの名，義，利的価値を確認，提示することとなるが，「顔」もまさにこれに対応する形で名的「顔」，義的「顔」，利的「顔」に分かれる［李明伍, 1998］。陶琳(とうりん)［2008］は『漢語大辞典』，『辞海』，『漢語慣用句辞典』など27冊の中国語辞典を用いて「面子」を中心とした「顔」のシソーラ

スを分析し,「顔」の意味構造を考察しているが,そこでは「顔」の「体面」に象徴される自らの人格と,「情面」に象徴される相手への配慮という側面が強調されている。前者は筆者のいう名的「顔」,後者は義的「顔」の側面にそれぞれつながる。陶琳［2008］では直接的な言及がないが,前述の田玉川の取り上げる「借面子」（面子を借りる）は筆者の言う利的「顔」の側面につながる。

本書ではまず利的「顔」との関連で社会資源配分,経済活動のあり方について考察し（第1章～第3章），そしてそれを踏まえて義的「顔」との関連で集団のあり方,そこにおける規範の本質について分析を行い（第4章,第5章），最後に名的「顔」との関連で人生の目標,生活の指針等社会価値について分析する（第6章）。

1) 筆者も2008年複数の中国人研究者に同様の質問をしたことがあるが,大体同じような答えだった。
2) 李培林［1992；1995］では社会構造の転換が主に論じられているが,しかし,従来の市場メカズムと政府行為重視から社会‐文化メカニズム重視へと視点の転換を促した点で,本土化研究への貢献が認められる。
3) 「本土化研究」に大きな影響を及ぼしている台湾の心理学者楊国枢(こくすう)［2005］は,研究の本土化の基準は,本土適合性（indigenous compatibility）（研究活動と研究成果が研究対象の心理と行為およびその社会文化背景的要素を十分に反映していること）であるとしている。
4) 楊国枢［2005］によれば,アメリカ流心理学は華人社会の分析に適合しないことが明らかになり,1976年正式に華人心理学の中国化（Sinicization）運動が展開され,後に本土化に名称変更となる。1980年台湾の中央研究院民族研究所で「社会および行為科学研究の中国化に関する学際研討会」が開かれ,人類学,社会学,心理学等の専門家が討論に参加している。1991年には国立台湾大学の心理学系に「本土心理学研究室」が設立され,1993年には『本土心理学研究』（半年刊）が創刊される。楊国枢［2005］では,これまでの研究課題の領域として,面子,縁,忍,報,義,人情,中庸,関係志向,家族主義,恥,などが取り上げられている。
5) 例えば1941～1943年の間に雲南で行われた家族制度の調査をもとに提起された許烺光(きょうろうこう)の祖先崇拝の文化的人格［許烺光, 2001］などはその代表と言える。ちなみに同氏は後に,「間人主義」を提起した濱口惠俊［1982；2003］に大きな影響を与えることになる。

6) 梁漱溟による1930年の鄒平郷村建設実験や，晏陽初による1930年の定県の郷村建設実験などは有名である［鄭杭生，2002］。
7) 差序格局のような，中国社会分析用として研究者によって作られた学術用語も含めるために「本土化概念」という表現を使った。
8) 例えば，鄒川雄［1999］は本土思想の陰陽の視点により，中国社会を対立しながらも相互依存する二重構造として捉え，そのダイナミックな展開構図を，史実をもとに描く試みを行っている。台湾社会学会元会長の叶啓政は本書序文の中で，本研究は台湾社会学の本土化への大きな一歩を意味すると書いている。ただ，陽における集団レベルの団結調和・礼治文化から個人レベルの建前の面子に至る社会現象と，陰における集団レベルの分派抗争・謀略文化から個人レベルの功利的人情行為に至る社会現象の動態的関係については，必ずしも的確な分析が行われていないように見受けられる。また，翟学偉［2008］は，中国人に見られる比較的安定的な思惟傾向と文化特徴を通して，本土研究方法を確立すべきであると主張し，研究方法におけるそのような本土資源として，直線的因果関係の思惟をとらないこと，全体と部分の相互転換的発想をすること，非実証主義の人文主義的傾向があること，類別間の相互包容および相互依存が強調されること（例えば陰と陽は両極的であるが，単なる対立ではないという視点など），比喩方式による推論が展開されること，などを挙げている。
9) ここでは，「面子」と「臉」とを含めて「臉面」と表現する。
10) 「面子工程」とは特に公的機関が面子のために必要もない施設等を建造することで，批判が挙がっている。例えば2000年6月4日付『人民日報』（「『面子工程』要不得」）参照。また，「面子消費」とは面子のために，必要のない買い物をすることで，多くの場合家計を圧迫する要因となっている。例えば李玉峰による『別譲面子成為負担』（中国紡績出版社，2009）参照。
11) ゴッフマン，E.［1986］参照。なお，原文出典は次の通りである。Goffman, E. (1955) "On Face-Work: An Analysis of Ritual Elements in Social Interaction", *Psychiatry: Journal for the Study of Interpersonal Processes*, 18: 213-231.
12) Smith, Arthur H.［2005］参照。
13) 胡先縉［2004＝1944］参照。
14) これに関し坂部［2009＝1976］は「〈おも-て〉の『おも』は，重（おも）に通じるとともに，また，〈おもふ〉＝思ふの思（おも）にも通じる。〈おも-て〉によって方向づけられかたどられるコスモスは，同時に，はじめて，ひとの〈思ひ〉をかたどり定着する。〈おも-て〉＝面＝顔（おもて）とは，まさに，〈思ひ〉のかたどられる場所にほかならない。顔（おもて）とは，意味づけられたわたしたちの世界の〈おも-て〉〈重て〉〈重心〉である」［p.14］と述べ，「おもて（面）」が，やまと言葉系において「思」と「重」に通じることを一つの論拠として提示するが，これは本人も示唆している［p.23］ように，参考的位置づけになっていると思われる。
15) 坂部が直接批判の対象にしているのは近代的自我であり，筆者のそれは形式合理性の支配による管理社会であるという点で違いはあるが，しかしこの二つは深層においてつながっているということは言うまでもない。

16) これについては，坂部の次のような自説に対する説明からも窺い知ることができる。坂部は自らの「おもて」論との関連で，「最初から他者を排除した形での，私は私である，という形」での「アイデンティフィケーション」を排し［坂部恵・山崎賞選考委員会，1978, p.210］，「他者の中に自らをもう一度見出していく。もう一度と言うか，初めてと言うか，これはわかりませんけれども，とにかく他者という回路を通して自己のアイデンティを見出す」必要がある［p.157］という認識を示すが，その具体像については，「もう少し流動的なアイデンティフィケーション……，いろんなものに変身するけれども，おのずからそこに枠が決まっているというか，開いた動的な形でのアイデンティティ」［pp.210-11］という表現にとどまり，さらにそれについても「下手をすると間柄に埋没してしまい，……アイデンティティも主体も何もなくなっちゃうという，そういう落とし穴がいつも待ち構えている発想だと思うんで，だからそのへんをどういうふうに考えていったらいいかということが，私自身実はまだよくわからない」［p.211］と不安を述べている。
17) このような考えのもと，筆者は顔論的アプローチを提唱することとなった。ここにおける顔論的アプローチは，このように基本的には顔現象を通して社会を見ようとする方法論である。この方法論の特徴としては，顔の性格からもわかるように，非人格的制度ならぬ人格的コミュニケーションから出発すること，そしてイデオロギー的（制度的）価値より，人間のより自然な心情に着眼点を置くこと，などが挙げられる。
18) 名，義，利に関する分析については李［1998］を参照のこと。

第 1 部　「顔」と社会資本

　不確実性の度合いの高い中国社会では社会資源の獲得手段，社会資本として「顔」を媒介とした「潜規則」，信頼，「人情」などが重要な役割を果たしている。その具体的な展開に照明をあてる。

第1章　二元社会構造と「潜規則」現象

1・1　制度と行為における二元構造

　中国社会の二元構造の現象は分析的には主に二つの側面から観察される。一つは社会体制ないし制度の側面であり，いま一つは行動様式の側面である。
　中国では1980年代からの本格的な改革開放政策により，市場経済化が急速に進んでいるが，しかし依然として政治の面では一党独裁のもとでいわゆる党の「指導」と司法・行政・立法の権限の二元構造が存続しており，経済の面でも一方では「社会主義市場経済体制」の強化が図られている（2003年の中国共産党第16期中央委員会第3回全体会議では「社会主義市場経済体制を完璧なものにしていくことに関するいくつかの問題についての中共中央の決定」〔中共中央関於完善社会主義市場経済体制若干問題的決定〕が通過。2012年11月8日の党18期大会における胡錦濤総書記の報告においても社会主義市場経済体制の強化が強調されている）。これは当然ながら社会を不透明なものにし，様々な制度の弱体化ないし無力化をもたらす。一例として中国で常に問題視されている「灰色収入」[1]を挙げることができるが，これは首相の政府活動報告にも登場するほど重大な問題となっており[2]，中国経済改革研究基金会（CRF）の調査によれば，このような「灰色収入」を含む公式統計に反映されない収入がGDPの3割に相当する額に達している[3]。公式統計上の収入レベルでは説明のつかない不動産バブル，高級車消費，高消費を伴う海外旅行などの現象はこのような隠れた経済実態によって説明可能となる。このような事実は，公式制度や公式データのみに頼って中国社会の構造や変動を把握することは難しいというこ

とを物語る。

　このような不透明な社会体制は公式制度と実生活の準則との乖離を増幅させ，いわゆる「非制度化生存」[孫立平（そんりっぺい），2004b；孟憲平（もうけんぺい），2013] が常態化している。「非制度化生存」とは，生存に関わる制度的環境が不確実な状況の中で生活上の問題に遭遇したとき形式上の制度に頼らずにその時々の状況に応じた駆け引きを通して解決策を講じる形で生活を維持すること [孫立平，2004b] であり，具体的には「権力」，「金銭」，「関係」，「面子」，「人情」等の資源を動員して制度外の方法で利益を得るべくゲームを行う形で生存を図ること [孟憲平，2013] である。この「非制度化生存」の必然性についてこの概念の提示者である清華大学社会学教授孫立平は典型的な例として次のような事件を挙げている[4]。ある地域の農民が 2 台のトラックに偽造した軍用ナンバープレートをつけて 8 カ月で 2,361 回高速道路を通過することにより料金 368 万元を免れたが，それによる儲けはたった の 20 万元にすぎなかった。このような制度的環境が一般化しているため「非制度化生存」は不可避であるというのである。

　制度面における二元構造の具体的な展開については都市と農村の二元構造が典型的な事例として挙げられる。1958 年に都市部の食料供給や就業の安定等を図るために第 1 期全国人民代表大会常務委員会において制定された「中華人民共和国戸籍登録条例」によって 1954 年制定の憲法で保障されている「公民の居住，移転の自由」（第 90 条）[5] が事実上制限されるようになり，就業，社会保障等生活の諸側面に関わる施策において都市戸籍所有者優遇／農村戸籍所有者差別の構図が出来上がった。この二元構造の弊害については政府も認めているが，それは農村戸籍所有者の市民としての基本的な権利の保障というよりも，主に「三農問題」（農業の低生産性，農村の荒廃，農民の貧困）等の「経済」，「発展」の視点によるものである[6]。市民の基本的な権利という準則から外れるという形での政策の実施は他にも数多く存在し（例えば憲法上の言論の自由の保障とその制限政策等），それにより「非制度化生存」が不可避となるのである。

行動様式の側面に関しては，演技的特徴を取り上げることができる。中国社会における面子は演技的性格を強く有するものであるが，その重要性は英語や日本語への影響からも窺い知ることができる[7]。前でも少し触れた通り中国国民性論の古典 Chinese Characteristics (1894)[8] において，著者のA.H. スミスは中国生活の体験をもとに面子現象を取り上げ，中国人の日常生活における演技性について中国人全体において非常に強烈な演技的性向が確認されると指摘しているが，この主張はその後の欧米や中国における中国研究，さらには社会研究一般に大きな影響を及ぼすこととなる。前述通り後にアメリカ社会学会会長となるゴッフマンもその影響を強く受けており，社会学理論に大きく貢献している彼のドラマトゥルギー論も，その影響を受けているように思われる[9]。

　ここでイメージされている演技とは，欲望の地点と想定されるところから大きくかけ離れたところにおいて行われる規範的行為のことと思われるが，しかし人間の文化的拘束性を考えるならばこれを素朴に「本心 vs 偽装」という図式で捉えるのは適切ではない。ただし表現のパターンの比較としてその距離は取り上げられよう。ここで注意すべきは，ゴッフマンの描く演技する人間と，スミスの捉える演技する中国人の間には大きな隔たりがあるということである。ゴッフマンの場合は「対面的相互行為」，「社会的出会い」の場における普遍的人格への尊重としてのエチケットのための演技（フェイスワーク，パフォーマンス）が基本となっており，そのため彼の描く演技する人間は当惑回避型人間としてイメージされると指摘される［M. Schudson, 1984］こともあるが，スミスの場合は，エチケットの場合も排除できないが，それ以上に自らの体面を保つための演出として捉えられている。例えば，銀製のスプーンを失くした使用人が賠償を請求されるか給与から差し引かれるかされることを察知して自ら辞職を申し出るとともに主人には，未払いの給与は要らない，そのお金を失くしたスプーンの賠償に当てたらよい，と言って自らの体面が傷付くのを防いだ，といった事例を挙げているが，中国社会におけるこのような体面保持傾向の強さは否定できない。この二つの演技には構

造的な違いがあるように考えられる。ゴッフマンの描く演技は普遍的人格への尊重という単一の基準によるものとして理解することができるが、スミスの捉える演技は、社会規範という準則と、それとは原理を異にする自らの体面の保持という準則とが同時に関わっていると見ることもできる。この後者は二元構造と言えよう。したがって、中国社会におけるいわゆる正当な行動規範を理解しただけでは、中国人の行動を理解したことにはならない。中国社会の日常生活においては、常にいわゆる正当な行動規範とともに、潜在的で現実的な行動準則が存在するのである。

　このような社会制度および行動様式における二元構造は一つの社会もしくは1人の人間に原理を異にし、しかも相反する二つの準則が同居することを意味するが、これは伝統中国の特徴でもあった。台湾の社会学者鄒川雄（しゅせんゆう）[1999]は中国思想と伝統中国の社会構造とに対する分析を通して、伝統中国の特徴として、「礼治」と「謀略」がそれぞれ表裏を成す社会であること、そして人々の行為が「陽奉陰違」（面従腹背）的傾向を強く有することを指摘する。秦漢以降の統治メカニズムは基本的に原理を異にする儒教と法家思想を土台として形成され（建前としては儒教が、そして実際の運営においては法家思想が導入されたいわば「陽儒陰法」の形態が基本的だった）、一方個々人の日常生活の局面においては、社会倫理指向の儒教的君子像の正当性と道教的影響をも受けている自己本位的な「身体化」[10]の正当性とが併存する。要するに、相反する二つの正当性が同居し、使い分けの対象となっているのである。鄒川雄[1999]はこのような状況の根底的な部分として天道の相対化[11]を挙げ、さらにその根本的な原因として、一定のリズムで不断に変動する世界という世界観の存在を示唆する。キリスト教文化における超越的存在による客観的世界・真理に対比されるこの律動の世界は主体的な人間との調和によるものとしても認識される。このような世界観のもとでは、当然ながら超越的なルールの前提となる聖性は相対化され、原則の恣意化が増幅する。

　「文革」終焉直後、毛沢東という「聖性」の相対化のために導入された「真理討論」（「実践が真理を検証する唯一の基準である」〔実践是検験真理的唯一標準〕と

いう主張の浸透を図った改革派勢力主導の全国的討論）や共産党が労働者階級の代表であるという「原則」を維持したまま私営企業主を党員として受け入れることを可能とするいわゆる「三つの代表」論[12]を挙げるまでもなく現代中国においてもこのような思想的伝統が根強く残存しており、それが前述の二元構造を支えているのである。

　このような事情から見ても、制度論的なアプローチのみでは中国社会の実態把握は困難であり、前述の「顔」論的アプローチが要請されることがわかる[13]。次節では「顔」論的アプローチの一環として「顔」を媒介とする「潜規則」について具体的に分析することとする。

1・2 「潜規則」現象

　潜規則という表現が全国的に広まったのは歴史研究家でジャーナリストの呉思の著作『潜規則：中国歴史中的真実遊戯』（2001）によるところが大きい[14]。呉思は主に明代の官僚に対する考察を通して、伝統中国の官界には公式に表明される忠君愛民などの原則とはまったく異なるルールが存在しており、しかもそれはきわめて現実的な利益に基づくもので、実質的にそれによって官僚の行為が規定されていると指摘し、それを潜規則と表現している。そして氏が本書の序文において、潜規則という概念の着想は取材活動の中で官僚たちが不正なことを当たり前のように行っているのを目の当たりにしたことから得ていると書いているように[15]、本書には歴史を借りて現状を批判する狙いが見え隠れする。このようなこともあって全国的にセンセーショナルな反響を引き起こし、現代中国社会における潜規則の研究が急増するようになった[16]。

　ただ、既存研究の多くは社会の不正風潮に対する批判という色合いが濃く、主に制度に矛先が向けられているように見受けられる。制度、すなわち正規規則の不備が潜規則の温床になっているという事実は否定できないが、しかしすべての行為を規制できるいわゆる万能の制度は考えられないという

こと,あるいは「埋め込み」の視点に言及するまでもなく,むしろ制度それ自体実際の運用においては非制度的な要素の制約を受けるということを考えるならば,もう少し広い視野で潜規則の存立基盤を捉えることも必要と言えよう。

ここではこのような認識に基づき,まず潜規則の構造を明らかにし,そしてそれを踏まえて潜規則の存立基盤への接近を試みることとする。

1・2・1 「潜規則」の構造

潜規則は,「官場潜規則」と呼ばれる官僚の世界におけるものをはじめ,「商場潜規則」と呼ばれるビジネス分野におけるもの,「文芸界潜規則」と呼ばれる芸能界におけるもの,さらには「学術界潜規則」と呼ばれる学術分野におけるものなど,ありとあらゆる職業分野に存在するとされる。

「官場潜規則」に関しては,例えば,中国共産党湖南省常徳市委員会組織部長の李平[17]は,党と政府の組織には依然として「官本位」観念や「関係圏」(コネのネットワーク)観念,さらには「家父長制」観念が根強く残存すると同時に,権力と経済利益の交換(いわゆる「尋租」)の可能性があるため,人事面における潜規則が存在していると指摘した上で,そのような潜規則をなくすためには,『幹部任用条例』という公式の制度を厳格に守り,制度のさらなる透明化を図り,組織のトップ(いわゆる「一把手」)の権力を制限し,「巡視督査制度」を導入する必要があると指摘する。王金豹・潘其勝[18]も,官界の潜規則は官僚を堕落させるものであり,関係ネットワーク重視,監督の不厳格,制度の不備などが原因であると指摘する。

官界の潜規則によって,地域毎に「王国」がつくられ,それが陳情現象をもたらしているという指摘もある。北京大学教授の賀衛方によれば,中国人は世界でいちばん陳情(いわゆる「上訪」)を好むが,それは,地域が上層に知られていない潜規則によってコントロールされているからである[19]。また,陳桂棣・春桃[2004]によれば,農民たちの上部への陳情に対する報復のため,ある県の指導者は武装した警察を動員して村を包囲し,老若男女を問わ

ず村人たちに殴るなどの暴力をふるった。

　「商場潜規則」，即ち経済界潜規則に関しては，例えば，営業許可書を取得するためには関係の政府役人と良好な関係を保たなければならず，工商局や税務局の役人に知人がいなければ，様々な形で営業妨害を受ける，といった「企業家の悩み」[20] が端的にその重要な側面を表している。また例えば，マスメディアでは，医療における不正を潜規則と称し，厳しく批判している[21]。上海市老記者協会副会長の居欣如によれば，病院の医師が薬を多めに処方したり，あるいは高額の薬を処方したりして相手からリベートをとるような潜規則は，もはや公然化していると指摘している[22]。

　芸能界の潜規則については，とりわけ出演機会をめぐって女優と映画監督などとの間で行われる性的賄賂（いわゆる「身体紅包」）の授受が有名である[23]。2006年11月に女優の張鈺がマスメディアに芸能界におけるこのようなことを潜規則と称して暴露し，全国的に大きな話題を呼んだ。

　潜規則に関する議論は，多くの場合厳密な定義がなされずに展開されている。ただそれらの議論においても，呉思 [2001；2003] の議論が多かれ少なかれ意識されており，したがって呉思の定義が前提となっていると見ることもできる。前でも若干触れたが，呉思 [2001] は，伝統中国の官僚たちの場合，その「仁義道徳」，「忠君愛民」，「清正廉明」などの表明とは裏腹に，現実的な利害関心に心を奪われており，このような利を求め害を避ける行動が長い年月をかけて安定的で潜在的なルールを形成させ，それが官僚たちの行動を支配しているのであり，それを潜規則と一応呼ぶことにしたい，と述べている [pp.2-3]。後に呉思 [2003] はもう少し理論的な定義の試みとして，潜規則は報復などのサンクションによって守られる非公式の約束事であり，それを通して正式の規則では得られない利益の獲得が図られるが，しかし同時にそれは主流的規則に反し，社会正義にもとるものである，という指摘を行っている [pp.239-240]。

　この呉思の定義を含め，これまでの捉え方は主に次の図式（図1-1）によってまとめることができる[24]。

図1-1 規則の類型と潜規則

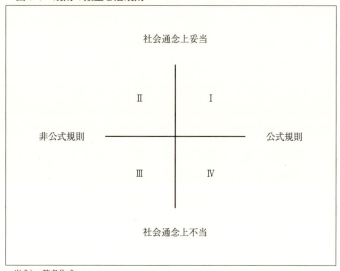

出典）筆者作成。

(1) 社会通念上不当な非公式規則（第Ⅲ象限）。例えば梁 碧波[25]は，潜規則とは制度体系の中の非正式制度の範疇に入るもので，主流の制度に反するものであり，非合法的取引の必要に応じて生まれ，またそのような駆け引きの中で定着していく，と述べている。そして，李 秋生[26]は，潜規則とは誰でもそれをわきまえて行動しなければ淘汰されてしまう恐れのある潜在ルールであり，官界におけるそれは，単刀直入に言えば腐敗行為のルールのことであると主張する。また，趙 達軍[27]は，潜規則とは裏で行われるゲームルールで，腐敗文化の産物であり，功利性，秘匿性，欺瞞性を帯び，社会公平，正義や市場競争秩序を損ねるものである，と指摘する。

さらに樊慧鈴[28]は正式規則と非正式規則は相補的関係のものであるのに対し，潜規則は正式規則とは逆方向のものであると指摘している。ほかにも例えば鄔蕾[29]は，潜規則とは集団内部で顕在規則とは別に認識され，遵守される規則で，潜規則と顕在規則は対峙関係にあるが，共生関係でもあると指摘し，李志[30]は，潜規則とは明確な法律規範の対義語的表現であり，公平

性，公開性を損ね，政府に対する不信を増幅させるものである，と指摘する。そして朱力[31]は規範を公開的で，正当なものと，一部の人々の間で通用する，非公開で，非正当なものとしての潜規則—隠規則，亜規則，副規則とも表現されるもの—とに二分し，二者は顕在か隠蔽かの区別よりも，価値理念の性格の違いによるものであり，前者は集団理性の産物で，後者は個人理性の産物であると指摘する。

(2) 社会通念上不当な公式規則（第Ⅳ象限）。例えば形式主義[32]などがそれである。ただしこの場合は，規則そのものというより，その規則を盾に私欲を追求する行為パターンが問題視される。中国政法大学の研究グループが2007年に行った全国省市の公務員に対する調査[33]によれば，公務員が考える行政機関の問題点として90.1％の人が形式主義・現実との乖離を挙げ，67.8％の人が官僚主義・民衆との乖離，44.8％の人が私腹を肥やす，そして40.4％の人が汚職・浪費などを挙げている。

(3) 社会通念上妥当な非公式規則（第Ⅱ象限）。鄭奕[34]は，潜規則とは社会の正式の規則の外にあって，見え隠れしながら人々の行動を支配する規則のことであり，それには改革開放の新しい時代に適応すべく生まれたものもあれば，社会主義法律規範に背くものもあるので，社会主義市場経済建設のためには体系的で科学的な規則を打ち立てることが必要であり，そうしなければ市場の信用危機をもたらす，と指摘する。また，胡瑞仲[35]によれば企業の場合，創業者の節約精神など企業にプラスに働く潜規則や，サボタージュ，情実登用などといった，企業にとって好ましくない潜規則，さらには無関心等のような中性的な潜規則もあるので，これらの潜規則を踏まえての経営が望ましいと指摘する。さらに王啓梁[36]は国家法以外の慣習法の権威性を指摘するが，これも潜規則と重なる部分が大きい。

このように，潜規則は基本的に，社会通念上妥当な公式制度以外の行為ルールとして認識されているということを確認することができる。

1・2・2　原因論とその問題点

　次に潜規則の原因に関する主な議論について見てみよう。潜規則の原因については主に，転換期論，制度不備論，体制問題論，伝統文化論などが確認される。

　(1)　転換期論について。中国は依然として計画経済から市場経済への転換期にあり，それにより従来の制度やイデオロギーの効力が薄れ，様々な潜規則が生まれることとなった，というのがこの説の主要な主張である。李穎(えい)[37]は，転換期の行政体制の欠陥や社会道徳の混乱により潜規則が横行し，それが顕規則（公式規則）を弱体化させており，したがって，この問題の解決には行政体制改革を早めることが重要であると指摘する。そして呂小康(ろ しょうこう)[38]は，改革開放後，従来の価値意識による統合偏重から，利益合意，権利合意による統合も加わって，静態的安定追求から，動態的調和追求の変化の中で，潜規則が浮上したとする。三重の基準に符合したものが完璧な規則と見なされるため，それを満たしていなければ潜規則として認識されることになるという。また，発展こそが正当であるという意識が，結果さえよければ，手続きは無視してもいいという考え方につながり，それが潜規則を活性化し，一方，正式規則の非合理性も潜規則を助長していると指摘する。周知のようにマートンは文化目標と制度のずれが逸脱に結び付くと論じているが，それを参考にすれば，李穎の議論では既存の制度が新しい文化目標によって否定される側面が強調されているのに対し，呂小康の議論では，新しい制度によって，従来の文化目標が異端に映るようになったという側面も強調されていると言える。

　(2)　制度不備論について。転換期論の場合も制度の不備が指摘されているが，それは転換期という特殊な時期における不可避の現象として認識される傾向が強いのに対し，制度不備論では，もっとミクロなレベルで制度の整備が唱えられている。つまり転換期要因以前の問題として，制度の整備の当為性について論じられる傾向が強いのである。周世亮(しゅう せ りょう)[39]は，潜規則を主に競争体制設計の欠陥，監督体制の不備などによるものとして捉え，根本的な改

善が必要であると指摘する。胡亮・羅宗瀚[40]も壟断局面の存在が潜規則の温床であると指摘し、透明な自由競争が必要と主張する。党国英[41]も潜規則が人々の生活を規定しているのは、正式規則が根本的な欠陥を抱えているからである、と指摘する。また、陳振光[42]は、潜規則は法律外権利の追求によるものであり、したがって、その横行は法治上重大な問題であり、政治体制改革の推進や、法治の整備を進めることにより潜規則を取り除くべきであると主張する。

 (3) 体制問題論について。前述の制度不備論においても、間接的に体制への言及がなされているが、そこではあくまで現体制の大枠のもとでの制度改革という姿勢が表明されているのに対し、体制問題説では、体制そのものの根本的な変革に主眼が置かれている。ただし、その場合も制度ともとれる表現が使用されている。そもそも潜規則の言葉を広めた呉思［2001, 2003］においては、題材こそ伝統政治体制であるが、前でも触れたように、問題関心は今日の政治体制にあると言えよう。呉思［2003］は、暴力で最強の者が物事を決定するという「元規則」概念を提起し、それがほかの諸規則を規定すると主張するが、これには制限された権力、すなわち権限が基本的な理念をなす民主制の対極の体制への批判が込められていると捉えることもできる。王思睿[43]は、民主化により潜規則の問題が解消すると指摘し、黄友法[44]も、伝統中国において権力腐敗の媒介要因である潜規則の根源は専制制度にあったと指摘したうえで、転換期の中国において、「権力下放」（下部への権力移譲）を目指す政治改革があまり進展せず、それにより潜規則が蔓延するようになっている、と指摘する。また謝佑平・万毅[45]は、立法による法規に則った法内プロセスと区別される法外プロセスとして、非立法機関である党による「双規」（決まった日時、場所で取り調べを受けること）などのような規範性法外プロセスと、慣例などに基づくいわゆる「三機関連合弁案」（警察、検察、裁判所が合同で案件処理に当たること）や、「案前通気報告」（案件処理に際し事前に関係部門に連絡すること）などのような非規範性法外プロセスとを指摘しているが、鄧江英・陳一健[46]はこのような法外プロセスを司法潜規則と呼び、そ

の特徴として非公開性，一方参画性，非合法性などを指摘する。これも体制の根幹にかかわる問題と言えよう。

（4） 伝統文化論について。前述の黄友法[47]が潜規則の一因として儒教や専制制度などに言及しているように，今日の潜規則の一因として伝統文化を取り上げる論者は少なくないが，重要な原因として取り上げる論者は多くない。呂小康[48]は，伝統中国において，具体性が抽象性に優先し，多様性が単一性に優先する審美的秩序（観）が，抽象性が具体性に優先し，画一性が多様性に優先する論理的秩序（観）より重視されていたとする議論[49]や，統合（integration）より和諧（harmony）を指向する秩序観が優勢であったとする議論［鄒川雄，1999］などを踏まえ，伝統文化においては「変通」（臨機応変）が当たり前のことであり，それが今日の潜規則にも影響していると指摘する。汪新建・呂小康[50]も，伝統文化に影響された民族的文化心理およびその行動慣習が一元規則に従って行動することを妨げ，潜規則の盛行につながっていると指摘する。

これら潜規則の原因論は，それぞれ重要な側面を指摘していると思われるが，しかし限界も認められる。転換論の場合は後述するように，転換期以前にも同様の現象があったことを考えるならば，転換期によって潜規則が顕著になったとは言えても，それが根本原因とは言えないように思われる。そして制度不備論の場合，理念上正しい現行の多くの制度が現実においては十分機能しないという現象に対する説明が求められるのであり，また，体制問題論の場合，逆に潜規則が現体制維持の一因になっているとも言えるのであり，それに対する説明が求められるのである。さらに伝統文化論の場合は，伝統と現代の関係，すなわち伝統がどのように現代に受け継がれているのかについての説明が不足しているように見受けられる。

潜規則と似た現象は以前からあった。文革後期から顕著になった「関係」もその一例である。文化大革命後期，物不足が深刻となり，人々は人脈すなわち「関係」に頼って生活に必要なものを手に入れようとしていた。喬健（きょうけん）［1988］は，当時の「関係」構築の方法として，既存関係を受け継ぐ「襲」，

積極的に共通の関係基礎（同郷等）を確認する「認」，既存関係が遠い場合，あるいは既存関係が存在しない場合，何らかの手法で近しい関係へと発展させる「拉」，あらゆる手段を講じて権力者に接近する「鉆」，様々な名目をつけて特別な関係にする「套」，関係ネットワークを拡大する「聯」などを挙げているが，これらは潜規則と通底する。

「関係」の時との違いは，今日の潜規則が比較的定型化している点と言える。ただ，これらの現象の本質は同じである。どれも公式の規則とは異なる規則に従って社会的交換が行われていることである。これまでの考察からわかるように，既存研究の多くは潜規則のメカニズムに対する分析を踏まえずに，現象記述から直接原因究明を試みている。そして原因としては主に制度の不備ないし体制の問題点が指摘されている。潜規則のメカニズムに関する言及の場合でも経済的合理性が前提として措定され，その具体的なメカニズムについての深度のある分析は見られない。

潜規則が社会的交換行為のルールである以上，それは何らかの形の信頼によって維持されることになる。したがって信頼を手掛かりに，潜規則のメカニズムに接近することが重要である。

1) 灰色収入とは合法性の面でグレーゾーンに位置し，表に出ない（無申告の）収入のことで，主にはリベートや謝礼などによる。
2) 『広州日報』（2010年3月15日）によれば，2010年3月5日の全人代第11期第3回会議で行われた温家宝首相の政府活動報告には「灰色収入」の表現があったが，その後の審議において定義が難しいとの理由で削除されることとなった。
3) 2008年度の推計値。『北京晩報』（2010.8.12）参照。
4) 孫立平「社会失序是当下的厳峻挑戦」（『経済観察報』2011年2月26日）。
5) 1975年憲法改正からこの条項は削除となった。
6) 中国共産党第18回大会報告（2012年11月）における重要課題としての三農問題についての言及を参照。
7) オックスフォード英英辞典には "to save one's face" の表現が中国の影響によると記されている。また日本語では中国語からの外来語であるメンツが使用されている。
8) 陳新峰による翻訳本（『中国人的徳性』金城出版社，2005年）参照。なお，スミスによる *Village Life in China:a Study in Sociology*（1899）も関連文献として挙げら

れる。

9) この点については，拙著［1998］参照。

10) 「身体化」の詳細については孫隆基［2004］参照。鄒川雄［1999］では「貴己思想」という表現で議論が展開されている。

11) すべての価値，正当性，権威の準拠点として神聖性をもつとされる天は，実は自ら言葉を発することがなく，天意はもっぱら聖人や自然災異，民意等を通して伝えられるため，人間による「解釈」の営為が重要な意味をもつが，このことは聖性の弱体化をもたらし，人事への天理，天道の利用につながるとされる。

12) 江沢民の提唱する「三つの代表」は2002年の第16回党大会において『中国共産党規約』に次のように明記された。「中国共産党は中国労働者階級の前衛部隊であると同時に，中国人民と中華民族の前衛部隊であり，中国の特色のある社会主義事業を指導する中核であり，中国の先進的生産力の発展の要請を代表し，中国の先進的文化の前進する方向を代表し，中国のもっとも広範な人民の根本的利益を代表する（下線は引用者による）。党の最高の理想と最終の目標は共産主義を実現することである。中国共産党はマルクス・レーニン主義，毛沢東思想，鄧小平理論と『三つの代表』という重要な思想をみずからの行動の指針とする」（人民網「中国共産党規約総綱」〔2017年7月21日〕）。下線部が「三つの代表」であるが，主にそのうちの「先進的生産力の発展の要請を代表」と「中国の最も広範な人民の根本的利益を代表」が私営企業主入党の根拠として解釈される。

13) この方法論は中国社会に限らず，社会一般の分析への適用も目指されている。

14) 潜規則という表現自体はそれ以前にも一部の研究者によって使用されていた。例えば王友琴［1989］では魯迅の作品に現れる国民性のようなものが潜規則として表現されている。それによれば，無制限の権力という意識，愛のない家庭生活，協調性に欠ける行動，言行の乖離，精神勝利法などが潜規則として認められる。

15) 本書の序文によれば，著者は1983年取材活動の中で，国家幹部が規律に反して知人に化学肥料を回しているにもかかわらず，周りの人々はそれを当たり前のように考えている，という出来事を目の当たりにし，中国社会では正式規定とは別に潜規則が実際の行動を規定しているという認識に至っている。

16) 類似の歴史研究として，名目上の低額俸禄制度のもと非正式ルートで収入を調達する清代官僚の潜規則を論じたもの（劉鳳雲「従清代京官的資歴，能力和俸禄看官場中的潜規則」〔中国人民大学『中国人民大学学報』2008年第6期〕参照）や，伝統中国官僚制度における官階，品秩，俸禄，職位などからなる正式権力とは別に，人情関係によって創出される権力秩序を「隠権力」として論じたもの［呉鈎，2010］なども注目に値する。

17) 李平「綜合治理用人“潜規則”」（領導科学雑誌編集部『領導科学』2009年第25期）参照。

18) 王金豹・潘其勝「破解官場潜規則」（中共哈爾濱市委党校『哈爾濱市委党校学報』2006年第2期）参照。

19) 賀衛方・呉思「規則与潜規則」（2010.12.16）http://blog.sina.com.cn/s/blog_488663

2001017px5.html 参照。
20) 虞崇勝「潜規則下的熟人社会」(『人民論壇』2006-05-15 第 10 期) 参照。
21) 白剣峰「『潜規則』是医学之恥」(『人民日報』2006 年 4 月 20 日) 参照。
22) 居欣如「『潜規則』之憂」人民網 (2005 年 3 月 23 日) 参照。
23) 楊曲「論『潜規則』」(『中国青年報』2004 年 2 月 6 日) 参照。
24) 呂小康 (『社会転型与規則変革:潜規則盛行的社会学闡釈』〔南開大学出版社, 2012〕参照) も規則について詳しい分類を行っている。呂は規則の成立形式への賛同による「形式正当」と規則の内容に対する賛同による「実質正当」という基準をクロスさせて規則を 4 分類しているが，この図式では公的規則に必ずしも抵触するとは言えないインフォーマルな規則の位置づけが難しく，また「実質正当」の定義も必ずしも容易ではない，などの問題点が指摘される。
25) 梁碧波「"潜規則"的供給，需求及運行機制」(山西省社会科学院『経済問題』2004(8)) 参照。
26) 李秋生「向辺縁腐敗宣戦」(中共上海市委党校『党政論壇』2004〔1〕) 参照。
27) 趙達軍「論潜規則及其治理対策」(湖南行政学院『湖南行政学院学報』2009 年第 01 期) 参照。
28) 樊慧「正式規則・非正式規則・潜規則」(広西経済管理幹部学院『広西経済管理幹部学院学報』2008 年第 03 期) 参照。
29) 鄔蕾「潜規則与顕規則之間的関係分析」(内蒙古自治区社会科学界聯合会『前沿』2008 年第 8 期) 参照。
30) 李志「行政行為過程中的潜規則及対策」(河南人民広播電台『魅力中国』2009 年第 4 期) 参照。
31) 朱力による「我国社会生活中的第二種規範―失範的社会機制」(江蘇省社会科学院『江海学刊』2006 年第 6 期) および『変遷之痛―転型期的社会失範研究』(社会科学文献出版社, 2006) 参照。
32) 呂小康『社会転型与規則変革:潜規則盛行的社会学闡釈』(南開大学出版社, 2012) 参照。
33) 石亜軍『中国行政管理体制現状問巻調査数拠統計』(中国政法大学出版社, 2008) 参照。
34) 鄭奕「潜規則的内涵，特徴和価値評析」(安徽省社会科学院『江淮論壇』2009 年第 1 期) 参照。
35) 胡瑞仲『管理潜規則』(経済管理出版社, 2007) 参照。
36) 王啓梁「習慣法／民間法研究範式的批判的理解」(西南政法大学『現代法学』2006 年第 5 期) 参照。
37) 李穎「対潜規則盛行与顕規則約束力弱化的思考」(中南大学『中南大学学報』〔社会科学版〕2007 年第 4 期) 参照。
38) 前出。注 32 参照。
39) 周世亮「潜規則的透視与根治」(中共江蘇省委党校『唯実』2008 年第 4 期) 参照。
40) 胡亮・羅宗瀚「『潜規則』演進的博弈論解釈」(江西財経大学『当代財経』2005 年第

41) 党国英「『潜規則』如何等於『壊規則』？」（中共福建省委党校・福建省領導科学研究会『領導文萃』2007〔31〕）参照。
42) 陳振光「法治視野下的潜規則」（湘潭師範学院『湘潭師範学院学報〔社会科学版〕』2009年第1期）参照。
43) 王思睿「民主化：『明制度』取代『潜規則』的進程」（河北省社会科学界聯合会『社会科学論壇』2004年第7期）参照。
44) 黄友泫「潜規則探源及対策思考」（太原師範大学『太原師範大学学報』2007年第1期）参照。
45) 謝佑平・万毅「法内程序与法外程序—我国司法改革的盲点与誤区」（広東省社会科学界聯合会『学術研究』2003年第4期）参照。
46) 鄧江英・陳一健「論司法潜規則的成因及消除」（中商科学技術信息研究所『商場現代化』2008年年第18期）参照。
47) 前出。注44参照。
48) 前出。注32参照。
49) 郝大維・安楽哲（Hall, D. & Ames, R.）『通過孔子而思』何金俐訳，北京大学出版社，2005）参照。
50) 汪新建・呂小康「作為慣習的潜規則—潜規則盛行的文化心理学分析框架」（南開大学『南開学報〔哲学社会科学版〕』2009年第4期）参照。

第2章　社会の不確実性と信頼の構造

2・1　中国社会と一般信頼——中国は低信頼社会か

　中国社会の信頼論の多くには，多かれ少なかれマックス・ウェーバーの影響が確認される。周知のように，ウェーバーは中国社会では血縁に基づく家族主義が普遍的な信頼関係の発展を阻害したと指摘しているが［ウェーバー，M., 1971］，この見解はその後の信頼論に大きな影響を及ぼすことになった。フクヤマ［1996；2000］はこの見解を繰り返しているが，世界的に幅広く影響を及ぼしたという意味でとりわけ重要である。フクヤマは，ウェーバーが宗教改革を重視したのは，倹約以上に，家庭の外で美徳が広く実践されるようになったから［フクヤマ，2000, p.33］と指摘した上で，プロテスタントの影響の強い地域を高信頼社会とし，その反対に血のつながりを重視する中国やラテンアメリカなどの地域を低信頼社会とする。

　近年の中国における信頼研究の多くは，ウェーバーやフクヤマのこのような議論の検証が主な目的となっているように思われる。主な主張としては，中国社会にも血縁以外への信頼の広がり，および一般信頼が認められるという指摘が挙げられる。

　まず血縁以外への信頼の広がりの指摘について見てみよう。彭泗清［1999］の調査によれば，信頼は，生得的関係（例えば血縁など）やフォーマルな関係よりも，実質的な関係によるところが大きい。また，李偉民・梁玉成［2002］は，2000年7月に行われた，中山大学広東発展研究院による「広東社会変遷基本調査」（質問票調査）の分析を通して，(1)中国人は血縁だけでなく，血縁

図 2-1 「世界価値観調査」における「大多数の人」への信頼

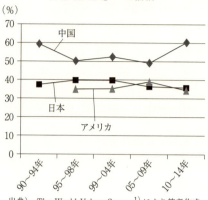

出典) The World Values Survey[1] により筆者作成。

図 2-2 CSSにおける「大多数の人」と「見知らぬ人」への信頼 (2013年)

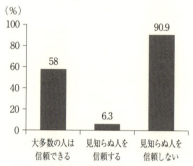

出典) 李培林他編『社会藍皮書：2014年中国社会形勢分析与予測』(中国社会科学文献出版社, 2013年) により筆者作成。

以外の親密な関係の人も信頼する，(2)既定関係より感情的要素の信頼への影響が大きい，などの事実を明らかにしている。

次に，中国社会にも一般信頼が認められるとする議論について見てみよう。第2波世界価値観調査（1990～1994年。中国は1990年）では，41カ国中「大多数の人を信ずる」が59.4%と，日本（37.6%）を上回って第4位をつけている。その後の調査でも，第3波（1995～1998年。中国は1995年）では50.4%（日本：39.8%，アメリカ：35.2%），第4波（1999～2004年。中国は2001年）52.5%（日本：39.6%，アメリカ：35.5%），第5波（2005～2009年。中国は2007年）49.3%（日本：36.6%，アメリカ：39.1%），第6波（2010～2014年。中国は2012年）60.3%（日本：35.9%，アメリカ：34.8%）と，高いレベルを維持しており（図2-1参照），プロテスタントと儒教の影響を受けた地域のほうが，カトリック，ギリシア正教，イスラム教地域より信頼が生まれやすいという指摘［Inglehart, 1999, p.91］を支持している側面が窺える。このようなデータから中国の一般信頼は高いほうであるとの見解［唐麗娜, 2016］も提起されている。

ただ，一般信頼の低さを示す調査結果もある。中国社会科学院社会学研究所主導で2005年から2年ごとに実施される全国規模の社会調査「中国社会

状況総合調査（CSS）」（2013年実施）によれば，「大多数の人」への信頼は世界価値観調査とほぼ同じであるが，「見知らぬ人」への信頼は6.3％ときわめて低い（図2-2参照）。

一方，王飛雪・山岸俊男［1999］の調査によれば，中国人の信頼構造は複雑で，他者一般への信頼は高くないが，性善説を信ずる人が多い。先に言及した李偉民・梁玉成［2002］らの調査でも，中国人の信頼関係には，観念信仰を基礎とする普遍信頼も含まれる，という調査結果が出ている。

これらの議論を踏まえて言えば，中国社会における信頼は，社会に対する信頼，見知らぬ一般的他者に対する信頼は比較的低いが，人間性に対する信頼は必ずしも低いわけではなく，また，血縁的関係に対する信頼は高いが，しかし友人などのような血縁以外の人に対する信頼も低いわけではない。

2・2　信頼論的アプローチの諸相

従来の信頼論は，どちらかといえば信頼の一部の理由・原因が強調されすぎているように思われる。王紹光・劉欣［2002］を参考にすれば，慣習や伝統などからなる文化を強調する説［フクヤマ，1996］，生まれ育った環境を強調する説［Erickson, Erik H., 1963］，合理的選択，判断能力を強調する説［コールマン，J.S., 2004；2006；山岸，1998］，社会制度（民主主義制度など）を強調する説（民主制度でないと家族や親友以外への信頼は発展しないと主張するレヴィ〔Levi, Margaret〕[2]など），裏切られた場合に受けるダメージの度合いを強調するいわゆる「新合理的選択」説［王紹光・劉欣，2002］などが挙げられよう。要するに，信頼は複数の要因によるものであり，したがって重層構造をなしていると認識されるべきである。

ここであらためて信頼行為の条件について考えてみよう。ザッカー［Zucker, 1986］の信頼生成メカニズム（trust‐producing‐mechanism）論では，三つのメカニズムを区別している。評判（相手のそれまでの評判），類似性（家族背景，民族，価値観など），法などがそれである。アメリカの工業化（1840〜

1920年)の分析で,人口流動の激化により,評判メカニズムが混乱し,法制メカニズムの有効性が増大したと主張している。

　ここでは,社会環境(法)と判断の材料(評判,類似性)が強調されているが,社会環境に関してはほかに,上述の慣習や伝統などからなるルールが守られている環境を強調する説[フクヤマ,1996],民主主義などの社会制度を強調する説[3],「知人経済」すなわち閉鎖的コミュニティ内での経済交流は必然的に一般的信頼を妨げるのであり,開放的な市場化によって信頼の範囲が拡大するとする説[唐有才・符平,2009]などがあり,判断材料に関してはほかに,能力(competence),正直さ(integrity),忠誠(loyalty),一貫性(consistency),開放的〔性格〕(openness)などを強調する説[Butler, 1991],能力などのほかに配慮(concerned)を強調する説[Mishra, 1996]などがある。

　このほかに先ほども触れた本人の合理的選択,判断能力を強調する説[コールマン,J.S., 2004; 2006; 山岸,1998],そして相手の裏切りの可能性に関する知識と,本人の裏切られたときに受けるダメージの度合いとを強調する説[王紹光・劉欣,2002]もある。後者を唱える王紹光・劉欣[2002]によれば,本人の裏切られたときのダメージの度合いは,収入と財富,安定した職業,権力,教育,社会ネットワークなどと関係する。自らが保有する資源と他人への信頼の関係についてはギデンズ[Giddens, Anthony, 1991]がすでに大量の資源を保有することにより,開放的で,楽観的,同情的な人生態度になり,それが他人への信頼を増幅させると主張している。ただこれに関しては経済地位が高いほど他者への信頼も高くなるという調査結果[4]が出ている一方,個人資本の信頼への顕著な影響は認められなかったとする調査結果[唐有才・符平,2009]も見られる。さらに,生まれ育った環境を強調する説[Erickson, Erik H., 1963]もある。

　このように,そもそも一口で信頼と言っても,制度をベースとしたものから感情をベースとしたものまで様々なバリエーションがあり,しかもそれぞれは性格を異にする。ここであらためて信頼の定義とその範囲について見てみよう。信頼の意味を比較的広く定義するのはルーマンである。彼は「信頼

とは，最も広い意味では，自分が抱いている諸々の〔他者あるいは社会への〕期待を当てにすること」[ルーマン, N., 1990, p.1] である，とする。これに対し，フクヤマは比較的具体的に「コミュニティーの成員たちが共有する規範に基づいて規則を守り，誠実に，そして協力的に振る舞うということについて，コミュニティー内部に生じる期待」[フクヤマ, 1996, p.63] として信頼を定義する。一方，山岸俊男は期待の条件に着目して，「『信頼 (trust)』は，相手が自分を搾取する意図をもっていないという期待の中で，相手の人格や相手が自分に対してもつ感情についての評価にもとづく部分」[山岸, 1998, p.39] であり，具体的には，「社会的不確実性が存在しているにもかかわらず，相手の（自分に対する感情までも含めた意味での）人間性のゆえに，相手が自分に対してそんなひどいことはしないだろうと考えることである」[p.40] と定義し，「相手が自分を搾取する意図をもっていないという期待の中で，相手の自己利益の評価に根差した部分」[p.40] としての安心 (assurance) と区別している。

　要するに，相手が自分に対して害を与える意図がないだろうという期待を，相手の人格や自分との関係を頼りにもった場合が信頼であり，そのような期待を，相手の置かれた環境の制約を根拠にもった場合（「相手と自分との関係には社会的不確実性が存在しないと判断すること」[山岸, 1998, p.47]）が安心なのである。そして信頼はまた「相手の一般的な人格特性の一部としての信頼性についての判断にもとづいている，つまり，相手が誰に対しても信頼に値する行動をとる傾向をもつ人間であるという期待」[p.47] としての「人格信頼」と，「相手が自分に対してもっている態度や感情についての判断にもとづいている，つまり，他の人間に対してはともかく，自分に対しては信頼に値する行動の傾向をもつ人間であるという期待」[p.48] としての「人間関係的信頼」とに分かれ，「人格的信頼」はさらに，「特定の個人についての情報にもとづく個別的信頼，特定のカテゴリーに属する人間についての情報……にもとづくカテゴリー的信頼，そして他者一般，あるいは人間一般についての情報や知識，信念などにもとづく一般的信頼」[p.48] などに分かれる

とされる。そして山岸の信頼論では、この「一般的信頼」が中心的な概念になっている。

　Seligman［1997］も相手の行動の予測ができない状況でも相手の善意的行動を期待するという意味の信頼（trust）と制度的拘束を根拠に相手の善意的行動を期待するという意味の信用（confidence）とを区別し、しかも信用の信頼に対する促進作用を指摘している。

　以上のように制度的保障からくる安心感との対比において捉えられる信頼とは、不確実性を伴うものであるが、これはルーマン［1990］の複雑性の縮減メカニズムとしての信頼と通底する。要するに信頼は関係構築の冒険への導きであり、それにより関係・社会が形成されると言っても過言ではない。このような視点で中国社会における信頼を捉えなおすことは、マックス・ウェーバーやフクヤマの中国社会の信頼に関するイメージを検証する上で重要な意味をもつ。

　信頼の意味は一見単純であり、一般的に自明なものとして議論される傾向があるが、しかし上で検討したように、定義は実は複雑なものである。したがって、信頼の範囲も当然単純なものではない。ここで改めて信頼の範囲の概念について検討し、それを踏まえて中国社会における信頼の範囲およびメカニズムについて考えてみることとする。

　前でも若干触れたが、ウェーバーの影響を受けたフクヤマは、血縁の輪の中の人のみを信頼する社会と、それを超えたところにいる人も信頼する社会とを対比させて、前者を低信頼社会、後者を高信頼社会と主張しているが、ここにおける信頼は血縁倫理やコミュニティの規範が強調されている点で、ルーマン［1990］や山岸［1998］、Seligman［1997］などにおける信頼とは異なり、山岸やSeligmanのいう安心（assurance）、信用（confidence）などに近い概念のように思われる。したがって、いわゆる低信頼社会における信頼のあり方についても再検討する必要がある。そして山岸［1998］では、自分との関係に基づく「人間関係的信頼」、特定の個人やカテゴリーに関する情報に基づく「個別的信頼」や「カテゴリー的信頼」などは信頼の範囲が狭いのに

対し，他者一般についての情報・知識・信念に基づく「一般的信頼」は信頼の範囲が広くなるが，しかし山岸も「一般的信頼は，（他者の信頼性を見分ける)5) 社会的知性に裏打ちされた，対人関係をうまく処理できるという自信にほかならない」[山岸，1998, p.183] と認めているように，一般的信頼の場合でも，具体的に相手を選別することとなる6)。したがってその一般という範囲も再検討される必要がある。

2・3　中国の信頼類型と行動様式

　以上の議論で確認されるのは，制度的保障による安心と人格の判断による信頼の区別は有意義であること，ただし，信頼も制度を含む様々な要因が絡むこと，一方安心も，一般的な状況では人間性に対する信念が絡むこと，したがって両者はまったくの異質な存在ではないこと，などである。このような考えからすれば，安心も広い意味では信頼と言えるが，本稿では，傾向性によるものとして両者の違いを捉えた上で議論を展開することとする。

　このような視点に基づき，中国社会のインフォーマルな行為における信頼を考えると，表2-1のような構図が確認される。つまりこれまでの研究に基づいて，中国社会のインフォーマルな行為における信頼・安心メカニズムを主に，表2-1に示したように「人情―報」による信頼，「感情―義」による信頼，「親情―倫」による安心，「縁―同」による信頼，「中間人―面子」による安心などから構成される構図として捉えることができる。なお，ここにおけるハイフン前後の2語については，主に後者が前者の関係媒介的機能において重要な意味をもつという位置づけとなる。

　表2-1における「一般指向」と「個別指向」は範囲を表す指標であるが，中国社会においても，一般指向の安心と一般指向の信頼が確認されるのである。ちなみに信頼の根拠を表す指標としての「状況指向」は相手の置かれた状況への着目傾向を意味し，「人格指向」は相手の人格への着目傾向を意味する。以下この構図について詳しく見てみよう。

表 2-1　中国社会の基本的な関係類型と「信頼」（広義）

「信頼」の範囲	「信頼」の根拠	状況指向	人格指向
一般指向		「中間人―面子」に基づく安心関係	「縁―同」に基づく信頼関係
個別指向		「親情―倫」に基づく安心関係	「感情―義」に基づく信頼関係 「人情―報」に基づく信頼関係

出典）　筆者作成。

　「縁―同」による信頼について。中国社会では人間関係の必然性を語るときに「縁」と「同」が多用される。楊国枢［2005］によれば，伝統中国社会において縁とは前世で決まった運命のようなもので，容易に変えられないものとして認識され，日常生活で重要な役割を果たしていた。各種人間関係に対するもっとも便利な解釈として使われ，うまくいっている関係も縁，悲劇的な関係も縁と解釈された。父子，夫妻も縁であれば，偶然の出会いも縁。このような，すべての人間関係を縁として解釈することを楊国枢は「汎縁主義」と呼んでいる［楊国枢，2005，pp.571-572］。彼はさらに現代では，前世で決まった運命という意味合いは薄れ，言葉では表現できない人間関係の調和状態，もしくはそのような関係に至らしめる神秘的な要因としての意味合いが強くなってきていると指摘する［楊国枢，2005，p.590］。

　一方の同に関しては，中国では同姓，同郷，同学など，同をきっかけとして関係が構築される傾向があるが，これをトンイズム（Tongism）と表現する論者もいる［上水流久彦，2006］。上水流のまとめによると，中国社会論で有名なM．フリードは同じ方言，同じ地域，同じ学校などをきっかけとする連帯を指摘し，同じく中国社会論に大きな影響を及ぼしているM．コーエンは親族や階層，居住地などを横断して人々を結合させる原理としてトンイズムを指摘している[7]。そのほかにも例えば王崧興（すうこう）［1987］は近隣，子弟，同僚なども含むトンイズムの基盤について論じている。

　これでわかるように，縁と同は人間関係構築において重要な役割を果たしている。その際「縁分」とも呼ばれる縁は関係を必然的なものとして捉えな

おす根拠を提供し，同は関係持続の基礎となる「われわれ意識」形成の根拠を提供する役割をそれぞれ果たしていると言える。要するに，縁はすべての人々の関係を必然的なものにし，そして同も，その捉え方に伸縮性があることを考えれば，原理的にすべての人との関係における「われわれ意識」の形成を可能にする，といった働きをもつと言えるのである。その意味で「縁―同」による信頼は一般指向と言える。そしてこの場合，縁と同は関係構築，関係ネットワークの拡大化における手段としての性格が強いと言えよう。

このような関係構築，拡大のメカニズムについては多くの研究者が指摘している。例えば，李培林［1995］は，郷鎮企業では，血縁だけでなく，業縁，地縁なども重要な信用を提供しており，それによって組織コストが節約されると指摘する。また儲小平（ちょ）・李懐祖（かいそ）［2003］も，華人は世界でもっとも関係構築に長（た）けており，擬似家族的な関係の拡大によるものも含む社会関係網は，華人の経済活動において，往々にしてフォーマルな制度に取って代わると指摘する。

「中間人―面子」による安心について。ここにおける中間人とは見知らぬ相手，もしくは親しくない相手との社会的交換において，間に入ってもらう人のことである。この中間人は相手ともつながりをもっており，社会的交換当事者はこの中間人によって安心を確保する。中間人が安心をもたらすのは，相手への影響力が十分であると判断されるからである。その影響力は中間人の面子―相手の意識における心理的地位―の大きさと関係すると言えよう。中国社会ではこのような面子の大きい人物が中間人となる傾向が強い。例えば，首藤明和［2003］は，有力者などの第三の人を介在させる形でつながる人間関係の構図を包的構造と呼び，それによって人々は多くの人にリスクを分散すると指摘する。また，劉軍［2006］は第三者が間に入れば，例えば自費学生[8]の学校への賛助金が，規定の十万元から五万元に減らされるというような結果に結び付くなど，大きな威力を発揮するため，職探しや，トラブルの仲介など重要な局面では第三者すなわち中間人が要請されると指摘する。このような中間人がとりわけ再分配体制で重要な役割を果たすことは言

うまでもないが，今日においてもその役割が依然として重要であることが多くの研究（例えば辺燕傑・張文宏 [2001]，陳偉 [2015] など）で明らかにされている[9]。

「親情―倫」による安心について。ここにおける親情とは肉親の情であり，倫とはその秩序のあり方を表す。この倫は強力な規範性をもち，情とともに表裏一体となって親族関係を媒介する。したがって親族間の社会的交換において安心を与える基盤として，この倫の規範を挙げることができるが，「干親」（肉親関係の擬制）という形で親子の契りを結んだいわゆる擬似家族関係（pseudo familial guanxi）の場合もこのような傾向があるという指摘［羅家徳・周超文・張佳音，2009］もある。

「感情―義」による信頼について。ここにおける感情も人情同様現代中国語（ganqing）に由来するもので，人情より情感的色彩が濃いものである。この言葉については，Jacobs, J.B. [1988＝1979] が英語の emotion などに直訳することが難しく，関係に宿る情感的成分と表現するしかないとしている。要するに，友人関係の場合の友情のようなものとして理解されよう。そして義も現代中国語「講義気」（義理堅い）におけるようなもので，感情に対応する関係に付随する義務を果たすこととして理解される。羅家徳・周超文・張佳音 [2009] によれば，義は兄弟のごとく親しい仲の友誼を意味することもあり，親友同士の信頼の根拠となっている。親友を裏切ることはきわめて不道徳なことであり，皆から非難される。要するに，「感情―義」による信頼の典型は友人同士におけるものと言える。現に「人情―報」による信頼はこの「感情―義」による信頼への転換が目指される傾向があり，そうでない場合でもそれを標榜する傾向が見られる。つまり，中国社会では朋友が比較的重視される傾向がある。例えば，李萍 [2005] の全国範囲の調査（有効サンプル 1,617 人，調査時期：2003 年）によれば，友人への信頼が 70.9％ と，家族の 97.6％ に次いで高い。この朋友的信頼はビジネス分野でも強く求められる傾向がある。例えば，秦海霞 [2007] の企業責任者への聞き取り調査によれば業績を上げている人は，朋友が特に多い。

この「感情―義」型関係は横のつながりであるという構造的特性をもつため，比較的に開放的であると言える。そしてこの開放的性格は当然ながら信頼を要請する。

「人情―報」について。「人情」の全体像についての分析は次章に譲ることとし，ここでは主に信頼との関連について述べる。「人情」を媒介とする社会的交換行為は主に個別的な関係において行われ，「報」の原理を信頼の基盤とする側面はあるが，基本的に人格信頼によって行われると思われる。

黄光国（こうこうこく）[1988；2004a；2005b] は，人間関係を，家族関係，知人同士，見知らぬ人同士とに三分し，知人同士の普段の往来や，困った時の助け合いの場合，好意を受けた人は必ず返礼をするという「報」の原理からなる「人情法則」を用いて社会的交換行為の分析モデル「人情―面子理論モデル」を構築しているが，このモデルにおける社会的交換行為の信頼基盤は「報」である。ちなみにこの「人情法則」は，成員間の睦まじい関係が重視される「均等法則」(equality rule) の一類型とされている。

楊中芳・彭泗清 [1999] は信頼の保証を「関係」に求めている。氏らによれば中国文化における「信」は，誠実と信頼の二つの意味があるが，伝統的には（主に儒教では），信頼よりも誠実が強調されており，これは，契約精神が重要な意味をもつ欧米において，誠実と信頼が同等に強調されているのとは対照的である。ここにおける誠実とは言うまでもなく信頼の根拠となるものであり，両者は実質不可分と見ることもできるが，信頼を意識した，もしくは信頼を前提とした誠実と，そうではない誠実とに分類することは可能と言えよう。儒教を中心とした伝統的な価値観では信頼以前の誠実，すなわち信頼を意識しない，もしくは信頼を前提としない誠実が強調される傾向は否定できないが，ただ現実においては儒教の理想とは違い，利害損得が重要な意味をもつため，誠実と信頼の間には，大きなギャップが生じ，誠実の演出が行われるようになる。したがって結局誠実の保証は，関係網に求めざるを得なくなる。

要するに，関係が信頼の源になるのである。楊中芳らはさらに，中国社会

には三つの信頼，あるいは三段階の信頼が認められるとしている。既定関係に対する役割義務履行，互恵関係・相互利用関係における「人情」義務履行，互助関係・感情的関係に対する献身義務履行，などへの信頼がそれである。このように，この説では信頼の基盤として関係に付随する義務を措定しているが，ここにおける「人情」義務は「報」の原理に基づくものである。「人情」の形式化が読み取れよう。これについてこの論者たちはその後［楊中芳・彭泗清, 2005］，中国文化では「私」が否定的に捉えられているので，ストレートに自己利益を追求することは避け，互いに相手の利益を実現してあげる形で自己利益を実現するという手法が取られており，それを「人は我のために，我は人のために」（「人人為我，我為人人」）モデルとして表現している［楊中芳・彭泗清, 2005, p.498］。同じくこのような「人情」に基づく「関係」を強調する Bian Yianjie ［1997］によれば，「関係」は義務を意味するが，返礼性義務は「関係」の中核をなす。義務不履行は面子喪失を意味し，そして「関係網」の資源を失うことを意味する。Whitley ［1991］も，中国では，法制よりも「関係」と評判が信頼を生み出す，といって「関係」を強調している。

　翟学偉［2004］も同じような視点から「人情」と権力の関係を分析している。彼は「人情」によって日常の権力が生まれると論じているが，そのメカニズムにおいては「報」の原理が重要な意味をもつということが示唆されている。そして羅家徳・張佳音［2007］も，「人情」交換は感情的行為とされるため，交換という表現が避けられ，しかも即時の返礼も避けられるが，しかし「報」が義務となっていると指摘する。もし「報」を行わなければ，「川を渡ってから橋を外す」（過河拆橋）とか，「恩知らず」（忘恩負義）という表現で非難される。ただ，明確に「報」を求めるのは，感情を損ねるとされる。要するに，「人情」は返さなければならないが，しかし施した者は明言してはならず，受け取った者はまた忘れずに返さなければならない。また羅家徳・周超文・張佳音［2009］によれば，中国では，一般的な弱い関係（weak ties）では，重要な情報を獲得する場合や，キーパーソンを紹介してもらう場合，あるいはリスクの高い取引の場合などに対応できない。したがって，中国で

は取引関係の「熟人関係」(familiar ties) への転換が図られるのである。そしてこの「熟人関係」の維持には，借りを記録した「人情」帳簿 (favor account) が必要であり，もしそれに基づいて報が行われなければ信頼が失われ，関係は破綻するので，このような「報」は重要な意味をもつ。

　上で取り上げた視点ではどちらかと言えば「報」の原理の拘束性が強調されているが，「人情」の情の部分に強調点が置かれた視点も確認される。例えば藩鴻雁[2008]は華北定州（かつての定県）調査において，黄光国[1988]のモデルを参考に，社会的交換行為における法則として，「親情」法則，公平法則，「人情」法則を措定し，「人情」法則が一般的であることを指摘している。ただし，「帮工」（労働力の融通）行為が減り，「雇工」（労働力の雇用）行為が増えるにつれて，「人情」の弱体化，ないし功利的色彩の増加傾向が強まっていることを指摘する。ここでは，「人情」における本来の情的な部分が強調されているのである。また Lee, T.V.[1997]は信頼の保証として，契約に情が持ち込まれるとする。中国では契約を結ぶときも「合情，合理，合法」が総合的に考慮されるが，その具体的な表れとして，契約は紳士協定的なもの，あるいは備忘録的なものとして位置づけられ，したがって契約だけではあまり意味をなさず，情と理が考慮されなければならないと考えられているとする。

　このように「人情」と「報」は密接な関係にあるが，ここでこの「報」の意味についてもう少し詳しく見ていくこととする。

　「報」については，楊聯陞[1987=1957]の説が古典となっているが，それを発展させる形で，文崇一[1988]，劉兆明[1993；2005]，翟学偉[2007]などが議論を展開している。楊聯陞[1987=1957]は，「報」について「報答」，「報賞」，「報讐」，「報応」などに分けて議論しているが，とりわけ「礼尚往来」のような「報」，「報答」の「報」を，社会投資として見なし，その重要性を強調している。

　文崇一[1988]は歴史資料を通して，(1)報恩と復讐の2原則―「礼」機制（「来而不往，非礼也」の言説に代表される）と，「孝」機制（「此仇不報，非君子」の

言説に代表される）があること，(2)報恩は当事者個人に多く，復讐は次世代に多いこと，(3)報恩は礼，復讐は孝のように道徳性が強いこと，などを確認している。そして劉兆明［1993；2005］は「報」を，「好意に報いる（報答）―報復」からなる用具的性格のもの，「報恩―復讐（報讐）」からなる情感的性格のもの，「善報―悪報」からなる因果性的性格のものなど三つに分類している。用具的性格の「報」は，一時的なもので，公平原則によって行われるものであり，情感的性格の「報」は，親族関係や友人関係に対応するもので，「報恩」の場合，増量返礼により関係の持続が図られる。そして，因果性的性格のものは，文字通り因果報応の信仰によるものである。彼［劉兆明，1993；2005］は，中国人が会社で仕事に尽力するのは，仕事に対する情熱というより上司の厚遇に対する報恩という人間関係的要素によるものである，と指摘する。また翟学偉［2007］は，中国社会の「報」は(1)礼物の返し（物質レベル），(2)行為上の互助（行為レベル），(3)信仰上の祈りと加護（信仰レベル）という三層構造をなしているとした上で，その特徴を閉鎖的交換方式であると指摘する。

　これらの議論からわかるように，「報」は社会的交換行為の準則であり，これには一般的社交儀礼（「礼尚往来」）によるもの，深い情感によるもの，宗教的信念によるものなどが含まれ，そしてこの順にサンクションを伴う拘束力が増していくものと思われる。「人情」的交換行為における「報」は基本的に一般的社交儀礼，すなわち文崇一のいう礼の機制としてのそれであるが，もちろんこれには深い情感による「報」，さらには宗教的信念による「報」が影響を及ぼすことはあり得る。

　要するに，「人情―報」メカニズムにおける「報」はある程度信頼の保証とはなるが，それだけで安心状態にはなれず，したがって人情の「情」を媒介とした信頼構築行為が不断に要請されるのである。

　以上の考察でわかるように，インフォーマルな社会的交換行為においては，「親情―倫」や「中間人―面子」などのような安心メカニズムと同時に，「人情―報」や「感情―義」，「縁―同」などのような狭義の信頼メカニズムも

重要な意味をもつ。そしてここにおける信頼行為が必ずしも裏切らないという確証のもとでなされるものではないことは明らかである。むしろルーマンの信頼論［ルーマン，1990］で強調されているように，不確実性の縮減のためにこそ信頼が求められているのである。逆に言えば，不確実性が存在しない空間では，信頼は不必要である。羅家徳・周超文・張佳音［2009］の調査では，用具的性格が高い関係ほど，信頼に頼る傾向が確認されているが，これも同じことを物語る。したがって，信頼は裏切られることも十分あり得る。中国社会における「殺熟」（知り合いを裏切る行為）はその一例と言えよう。

鄭也夫［2006］は，「殺熟」の例として，「三反五反」，「反胡風」，「反右派運動」，文化大革命と続く共産党政権樹立後の30年間の思想改造運動による冤罪事件（いわゆる「冤假錯案」）はどれも殺熟が影を落としていると指摘する。これらの運動の主な手段は，批判と自己批判であり，告発・批判によって政治的地位が向上するという仕組みになっていたため，知人だけでなく親の告発も行われ，人間不信が醸成された。そして1990年代に社会問題化したねずみ講における「殺熟」によって，多くの人が知人に裏切られることとなった。これらは，特殊な時代の産物と言えるが，今日においても，このような現象がなくなったわけではない。

このように，信頼行為の条件は複雑であり，いくつかの表面的な条件のみで論ずることはできない。したがって社会 − 文化基盤への着目が要請される。リスクがあるのになぜ信頼を指向するのか。それを究明するためには，信頼の社会 − 文化的環境に着目する必要があるのである。

1) 公式HP〈www.worldvaluessurvey.org〉（2016年12月27日閲覧）。
2) Levi, Margaret "Social and Unsocial Capital", *Politics and Society,* 1996, Vol.24 参照。
3) 前出。注2参照。
4) 胡栄・李静雅「城市居民信任的構成及其影響因素」（上海大学『社会』2006年第6期）参照。
5) 括弧内の部分は本文献182頁からの引用。

6) 著者は「一般的信頼」と「社会的知性」の「共進化」（相互促進）を強調しているが、このような観点からすると「本書で展開されてきた議論を『信頼』についての議論だと考えても、『社会的知性』についての議論だと考えても、実質的には何も変わらないことになる」という認識を示している。その上で、「一般的信頼は他者の信頼性のデフォルト値だとする定義」を「対人関係を処理する能力についての自覚」としたほうがもっと本質的な捉え方になるかもしれないが、「本書の中心となるメッセージである、集団主義社会は信頼を破壊するというメッセージに関しては、いずれの定義を用いても同じ結論が生まれる」ので、「我々の研究の現段階では結論を出す必要がない」としている［山岸、1998, p.183 参照］。
7) M. フリードおよび M. コーエンの関連文献については上水流久彦［2006, p.99］参照。
8) 入試の点数が合格ラインから一定の距離がある受験生に対して特別に賛助金を徴収することで入学・在学を認めるというような制度が適用された者。
9) 陳偉［2015］は上海における求職活動に対する調査を通して、関係強度の働きに関する議論に際しては、中間人と求職者の関係の強度のみならず、中間人と雇用主との関係の強度にも着目すべきであると指摘する。

第3章 「人情」原理と社会資源配分

3・1 「人情」現象

　中国社会における社会的交換行為を分析する上で「人情」は避けて通れない重要な概念である。中国社会では功利的な交換の場合でも「人情」が媒介となる場合が多く、「人情交易」、「送人情」(人情を送る)、「還人情」(人情を返す)などの言葉が指し示す社会的事実が中国社会において重要な意味をもつことは、多くの研究者が指摘するところでもある [黄光国, 1988；翟学偉, 2004]。

　「人情」的行為の構造については後ほど述べることにして、ここではまず「人情問題」の現象について見てみよう。「人情問題」と呼ばれるのは基本的に、コネによって不正に利益が交換される現象のことである。したがって、筆頭に上がるのは当然官僚の汚職である。収賄罪に問われている官僚の多くは、自分の給料の数百、数千倍にものぼる収賄金に対して、通常の「人情往来」によるもので、特段賄賂としての意識はなかったと口をそろえる[1]。例えば、最近女性の収賄公安官僚として注目を浴びている深圳市公安分局長の安惠君（あんけいくん）は収賄金に対して、自分は人情を重視する人間で、(正常な)「人情往来」によるものだと供述しているという[2]。官僚の不正腐敗の中でとりわけ問題視されているのが「人情案」と呼ばれる公安・司法官僚の不正行為である。「人情」によって、逮捕を免れることもできれば、重罪が軽罰で済むこともありうる[3]。

　「正義の場」としての法廷にまで「人情」による不正が蔓延（はびこ）るのは由々し

きことであるが，同じく「神聖な場」としての医療機関や教育機関でも「人情法則」が幅を利かせている。手術を控えているなど，重病を患っている患者（の家族）にとって，医師への「人情」的働きかけは最重要課題として認識されている。「人情」研究で知られる翟学偉の研究［翟学偉，2000，pp.144-71］によれば，病院では手術前後に医療関係者に金銭を渡さないようにとの掲示が張り出されているが，実際は手術担当医，麻酔医などに金銭を渡すのが一般的であり，渡さない患者の場合，差別的な待遇を受けることになる。また別の調査［彭泗清，1999］でも，近親者に手術を控えている患者がいる場合，担当医師との信頼関係を構築するためには，言葉による感情交流ではなく，直接物的利益を供与するか，もしくはコネを動員して医師に配慮を願うことが重要であると考える人が多数を占めることが明らかになっている。この場合,「人情を送る」,「人情を託す」などの表現になる。教育機関においても問題は深刻で，大学では「人情点数」(「人情分」) が普遍的に存在するという指摘もある[4]。

　企業の経営者にとって，「人情」は企業の命運をも左右しかねない存在であり，とりわけ国家官僚との間のそれは重くのしかかる。近年の多くの調査によれば，民営企業家の交友関係でトップを占めるのは役人である［孫立平，2004b，p.37］。企業の経営者が役人と「人情」的交流を行うのは，当局からの不当な干渉を回避するためでもあるが，より多くは不当な利益を得るためであると言える。孫立平［2004b］は前者を「避害型非制度化生存」と呼び，多くの企業は政府当局から不当な干渉を受けても，法的対応を講ずるよりも，コネ，プレゼント，金銭などの手段による担当役人への「人情」的アプローチを図ろうとするという認識を示している。そして後者を「趨利型非制度的生存」と呼び，その一例として土地の借り上げ，転売における不正行為（専門家によれば，私営企業家の不正な「圏地（土地の囲い込み）」により毎年少なくとも100億元以上の国家資産が流失しており，また国土資源部の統計では，1999年から2002年の間に54.9万件の不正が摘発されている) を挙げている［p.36］。これらの行為が「人情」の名において行われるからこそ，「人情腐敗」という表現が通

用するのである。

3・2 「人情」の概念構成

　上で考察した「人情問題」の現象は，明らかに用具的（instrumental）行為で，感情の表出とはほど遠いものである。それにもかかわらずそれらの行為が「人情」的行為と称されるのはなぜか。この問題を明らかにするためには「人情」の概念分析が不可欠である。

　「人情」は日常的に頻繁に使用される表現であるが，厳密な定義は容易ではないというのが研究者のほぼ一致した見解であり，これまで様々な概念化が試みられてきた。

　中国社会における「人情」は西欧的合理性とは対立するものである［林語堂，1992；梁漱溟，1935］が，しかし西洋社会における友情や感情とも異なり，的確に英語に訳すことが難しい概念である［Fried, Morton H., 1953; Jacobs, B.J., 1979］とされてきた。それくらい欧米的枠組みでは捉えづらい概念なのである。

　第2章でも若干触れた「人情―面子理論モデル」で有名な黄光国［1988］は「人情」を自然な感情に基づく同情心，社会的交換における交換資源，相互交流の作法に関する規範など三つに分類した上で，その中の相互交流の規範を「人情法則」として概念化し，それをもとに「人情―面子理論モデル」を構築している。彼によれば，この相互交流の規範としての「人情」は具体的には，平時特別な関係にある人々と安否を伝え合い，プレゼントを交換し，相互訪問すること，そして，特別な関係にある人が病や困窮その他重大な難関に遭遇したとき，同情を寄せ，助けてあげることであり，ここには好意を受けた人は必ず返礼をしなければならないという「報」の原理が働くが，このような原理に支えられる形で好意が示されることが「人情法則」なのである。

　金耀基［1988a］も類似の見方を示している。彼は「人情」を人間関係すな

わち付き合いの作法ないし道として捉え，その機能として道徳規範と交換媒介を指摘する。彼によれば，そもそも「人情」は人間にあるべき感情のことであり，儒教における社会交換行為の指導原則としての忠恕の恕（『朱子集注』にいう「尽己之謂忠，推己之謂恕」の恕）と通底する，あるいはその通俗版とも言える。そして，伝統中国では王法，天理，人情は，三大規範をなしてきたが，その際生活世界において情は理と並列関係に置かれ，「合情合理」のように，一体化の傾向すらあった。あるいは，林語堂［1992］が，中国人は「人情」を道理の上に位置づけ，常情を崇拝する傾向がある，と指摘する通り，生活世界において情が理の上に位置づけられる傾向も認められる。したがって，「不通人情」（人情がわからない，融通が利かない）とは人間関係について無知を意味するのである。さらに「王法」との関連で言えば，「王法」は制度として普遍主義を指向し，それに従えば客観的な基準に則って物事が処理される（「公事公弁」，「一視同仁」，「不講情面」，「王子犯法与民同罪」）はずであるが，しかし，多くの場合現実においては，「王法」を捨てて「人情」に就く傾向がある。

　翟学偉［2004］も中国社会を天理と人情の融合からなる「情理社会」として捉え，その上で「人情」について，『礼記・礼運』にいうような自然で自発的な感情（「何謂人情？喜，怒，哀，惧，愛，悪，欲，七者弗学而能」）から，礼によって規範化されたものへと変化し，それが「情理」という形をとるようになったと指摘する。要するに，自然秩序ないし既存の社会秩序と具体的な時空に置かれた個々人の心情のバランスが重視される「人情」への変化が強調され，そのような視点から「人情」と「権力」の関係が論じられるようになるが，しかし，「人情」には礼化されていない，自然な感情の意味も依然として残っていることも事実である。

　これらの既存研究および言説分析を踏まえて言えば，「人情」は基本的に，相手を意識しない自然な感情，そして同情，さらに個々人の具体的な感情からはある程度遊離している世情などから構成された複合体であり，しかも同情[5]ないし世情への強い指向性をもつものである［李明伍，1997b］。要するに

中国社会，とりわけ現代中国社会において，「人情」は主に以下の三つの意味をもつものと思われる。①感情の自然な表出，とりわけ不特定の人々への同情，②特定の人との関係を維持していく上で義務として要請される配慮，③暗黙の了解のもとで行われる相互利用を媒介する形式的配慮。もちろん，これらは理念型であって，現実においては大抵の場合一定の比率で入り交ざっている形で現出すると言わねばならない。①については，中国社会における「人情「や「顔」についていち早く学術的研究を行った胡先縉の言うところの「本当の」(real) 感情がこれに当たるように思われる。ちなみに，同氏が中国人の情感の2類型のもう一つとして挙げている「既定の」(assumed) 感情（人倫に伴うもの）はここにおける②に当たると言える［楊中芳, 2000］。③については，孫立平の言うところの「関係」的関係（すなわち個別主義的で用具的な関係）［孫立平, 1996］を成り立たせる「人情」がこれに当たると言える。

日本社会における〈人情〉も，程度の差はあるにせよ上記の三つの意味をもつと言える。しかし，日本の場合は比較的に①の意味が強く，②の意味としては〈義理〉が用いられる傾向があると言えよう（これについては後ほど詳述する）。それに対し，中国の場合は，②と③の意味がより強い。さらに注目すべきは，共産党政権以前の中国社会を対象とした研究では，②の意味が比較的に強いものとして「人情」を捉える傾向があり，共産党政権成立後の中国社会，それも文化大革命以降の社会を対象とした研究では，「人情」を比較的に③の意味の強いものとして捉える傾向があるということである。ここではそれぞれの意味の「人情」がどのような形で現れるかを「社会問題」と絡めて見てみよう。

生活に困っている出稼ぎ労働者が異郷で周りから温かい言葉一つかけてもらえないほど冷遇され，孤独を感じるとき，その地の「人情」が「紙のごとく薄い」と感じられるだろう。端的に言って，①の意味の「人情」は純粋な同情なので，この場合の「人情」がこれに当たると言える。②の場合は，親戚同士や友人・知人同士の社交礼儀が典型的な事例となる。娘が結婚すると

いうのに，親戚として，あるいは友人として，または知人として何の意思表示もない場合，「人情味」のない人間として見なすことになる。機会を見つけて互いに気持ちを確認しあうことが中国社会ではとりわけ重視されるが，その形式が贈り物や会食となるのが普通なのでそれにかかる費用（すなわちいわゆる「人情消費」）が大きな負担となっている[6]。このような「人情」交換が単なる社交礼儀から容易に打算的行為へと発展することもあり，したがって交換の名目が多様化し，「人情消費」が膨らむ。そのため，行政が「人情消費」の規模を強制的に抑えようとするところも出ているほどである。例えば，江蘇省宿遷市では，私用で宴会を開く場合，幹部は5テーブルまで，一般市民は8テーブルまでと決め，違反者は罰金を科す旨の通達を出し話題となっている[7]。③の事例としては，贈収賄が典型と言えよう。

　上述からもわかるように「人情」は，自然な感情をベースとしながらもそこから離れようとする傾向をもち，そしてとりわけ行動と結び付いたとき社会規範的性格を強く有する，といった特徴をもつものとして捉えることができる。この社会規範性と媒介性とが深く関わっていることは言うまでもない。それが行為のレベルでは，同情から，あるいは何らかの義務感から行動によって相手に示される好意的配慮，というような「人情」的行為として現れる。

3・3　社会資源配分の要としての「人情」原理

　これらの分析を通して確認されるのは，「人情」的行為は，直接的には相手との個別的な関係の構築，維持を図るためのものであり，そのような関係を通して社会的資源の交換がなされる，という点である。これについては，費孝通が1940年代に既に指摘している。彼［費孝通, 1988］によれば，中国では親密な社会集団は仲間同士の「人情」の貸し借りによって結ばれており，誰もが相手に「人情」を施そうとする。もらった「人情」は多めにして返すのであり，それによって関係が持続される。親密な集団の中では，決済

(「算帳」)という言葉は絶交をも意味する。これは，困難に直面した相手を助けること(「恩情」と呼ばれるもので，事後恩返しが行われる)，一般的な往来としての贈答，目的をもって相手に施しをすること(「送人情」,「人情投資」という行為で，相手に「人情債」をつくらせ，後日自分の要求に応えさせること)，など3種類に具体化されるが，とりわけ社会問題化するのは3番目の人情交換により相手の手中にある権力を自分のために行使させるという形で，権力の再生産が行われ，そしてそれが「面子」の貸借メカニズムによって，社会に拡散すること[翟学偉，2004]と言える。

周知のように，自給自足という特殊な場合を除けば，われわれは他者との社会的交換活動を通して生活の資源を調達しており，ポランニー[1975;1980]に基づいて言えば，その形態は互酬性，再分配，市場交換(「交換」)とに分かれる。中国社会における「人情」的交換行為は，言うまでもなく形式上は互酬性の範疇に位置づけられ，次のような特徴が指摘される。①互酬性 (reciprocity) [ポランニー，1975;1980]的なものであるが，「一般交換」(generalized exchange) ではない「限定交換」(restricted exchange) [Ekeh, 1974]であること，そして，②集団が介在しない個人的な交換行為であること，さらに，③功利的行為であること。要するに，基本的に(機能)集団が介在しない状況において(個別的な関係を維持するかしないかは個人の自由によるという意味で)，対等な個人同士が，見返りを求めない，つまり純粋な同情心・感謝の気持ちなどによるという建前のもとで，利益を供与し合う行為，これが本論の措定する「人情」的交換行為である。

閉鎖的な二者関係であるため，全体社会を拘束する法律や，場合によっては道徳も行為を回路づける決定的な要因とはならない。行為を規制するのは「人情法則」と呼ばれるものとも言えるが，拘束力の強い「原則」ではなく，主観的解釈に大きく依存せざるを得ない「理」のような「法則」であるため，予期せぬリアクションの覚悟も必要である。「人情法則」は様々な解釈が可能であるが，重要なものの一つとして，「好意には必ず報いねばならない」という行動律を挙げることができる。この場合，「下心」に気付いても，それ

を「好意」と受け止めるかどうか,また,どのような形で,どの程度「報いる」かは,当事者の恣意に大きく左右されることとなる。これは「合情,合理,合法」という三位一体の行動基準をもつとされる「情理社会」[翟学偉,2004]の特徴とも言えよう。

今日の中国では,再分配主導が否定され,市場交換メカニズムが導入されたが,それが十全に機能しているとは言えない。そうなると,互酬の存在感が増すこととなる[8]。事実「人情」的交換行為によって生活に必要な資源が調達される傾向が強い。互酬的行為への主なアプローチは,社会交換論およびその流れを汲む社会資本論からのアプローチと,本土化研究論としての「人情」論的アプローチとに,二分される。互酬自体基本的に「顔」を前提としており,したがってそれへのアプローチは広い意味で顔論的アプローチとも言える。

社会交換論においては,方法的個人主義の立場から経済的側面に焦点を当てながらも,名声なども交換資源として措定したホマンズの知見や,交換過程において権力が生成するとするブラウ,コールマンなどの知見,そして交換のもつ超個人的性格に関するデュルケムの知見,さらには交換を威信や共感の媒体と見なして,交換物よりも交換それ自体に注目しようとするモース,レヴィ=ストロースなどの流れを汲む文化人類学的アプローチの知見,などは中国社会における社会的交換行為の分析に大きな影響を及ぼしてきた。ただ,劉軍 [2006] も示唆しているように,「関係」や「人情」は重視されるものの,交換の社会的規定性についての議論はあまり展開されていない。

社会資本論からのアプローチは比較的新しい。とりわけ中国におけるそれは今世紀になってから本格化した。インフォーマルな関係を学問的に研究しようという機運が高まり,大学でも関連科目が続々と開設されるようになった。中国に関する社会資本論ではこれまで主に,どんな関係が資本として有効なのか,そして関係的資本所有状況とその人の社会的地位はどのような関係にあるのか,などの議論が展開されてきた。

前者の議論はグラノヴェター [2006=1973] の「弱い紐帯の強さ」という命

題の検証の形で進められてきた。グラノヴェターは「紐帯の強さとは，ともに過ごす時間量，情緒的な強度，親密さ（秘密を打ち明け合うこと），助け合いの程度，という4次元を（おそらく線形的に）組み合わせたものである」［p.125］と定義した上で，常識に反して弱い紐帯のほうが強い紐帯より情報獲得や社会統合の面で有効であると主張しているが[9]，中国ではむしろ強い紐帯のほうが社会資本として有効であるという反論（辺燕傑・張文宏［2001］，翟学偉［2003］，羅家徳［2008］など[10]）が多く展開された。

後者に関しては，ナン・リン［2008］が代表的な論者である。彼は社会関係資本を測る指標として，関係の社会的地位の高度，関係の地位の最高点と最低点の距離，関係のヨコの広がりからなる多様性，などの3要素を措定し，それらによって測られた関係資本量と本人の社会的地位との関係を分析している。張文宏［2006］もこのような社会資本論の視点から北京市民の関係資本のあり方と社会的地位との関係を分析している。

社会資本論による「人情」，「関係」へのアプローチについては，批判の声もある。例えば翟学偉［2009b］は一般モデルとしての社会資本論による「関係」の研究では，実態の把握に至らないと主張する。氏によれば，社会資本論では情報，信頼，協力など社会および制度性のレベルの視点が目立ち，個人レベルの手段指向，利益志向の「関係」の実態とはずれがある。現に，「関係」が低信頼をもたらし，社会資本の発展を妨げたとする議論もあるので，社会資本論の枠組みで「関係」を研究するのは問題がある，というのである。また，「関係」は自然でインフォーマルなネットワークによる個人的連結であって，目的的でフォーマルなネットワークによる制度的相互作用ではなく，曖昧な境界をもつ自我が，規範的交流ではない，「人情」的交流によって，非制度的な，したがって権力的な形で資源交換を行う，という点に特徴があるので，このようなメカニズムを無視して情報，資源，信頼を論ずるような社会資本論は，表面的な議論に留まる，と主張している。

一口で社会資本論と言っても，機能主義的性向のものから構造主義的性向のものまであり，一概には論じられないが，既存研究の場合，たしかに文化

的視点が軽視される傾向がある。しかし，インフォーマルな関係が重視されている点では，「関係」研究と通底する部分があり，しかも林南(りんなん)に見られるように，近年の研究では「関係」研究の影響が見られるので，社会資本論による関係研究をすべて否定することはできないように思われる。なお，「社会にとって」の資本という意味で社会資本を論ずる研究もあるが，しかし「社会的」資本という文脈での研究の流れもあるということも考慮される必要があるように思われる。

　全体的に社会資本論からのアプローチでは，社会的地位・資源獲得の面で非公式の人間関係が重要な意味をもつことが強調されているが，その獲得の具体的なメカニズムに関する分析は重視されていないように見受けられる。このメカニズムに着目したのは「人情」論的アプローチである。

　「人情」的交換論は，社会交換論や社会資本論の影響を受けながらも，中国本土の概念としての「人情」を分析枠組みとして強調するところに特徴があると言える。前でも触れたように，中国文化概念としての「人情」とは，自然な感情から，同情，世情に至る幅をもつ概念であり，英語に的確に訳すことが難しいのはもちろんのこと，日本語の人情とも一致するものではない。「人情」交換行為とは，このような「人情」を媒介に行われる社会的交換行為のことである。

　「人情」的交換関係に関しては，中国社会では「人情法則」(rules of renqing) に基づく知人関係（familiar ties）がもっとも特徴的なものであるが，この関係は基本的に感情的関係の外皮をまとった用具的関係で，このように感情的関係が本来の感情的要素を保ちながらも用具的交換活動に運用されるのは，中国社会くらいであろう［羅家徳・周超文・張佳音，2009］，という指摘がなされているように，「人情」的交換関係は用具的性格を強く帯びている。

　「人情」に関するこれまでの研究は主に，心理メカニズムに重点が置かれたもの，文化規制に重点が置かれたもの，そして社会メカニズムに重点が置かれたものなどに大別される。

　心理メカニズムに重点が置かれた研究の代表的なものとして黄光国の前述

の「人情―面子理論モデル」が挙げられる。彼［黄光国, 2004b］はまず社会的交換行為の三つの準則―公平準則（equity rule），均等準則（equality rule），需要準則（need rule）―を確認し，その上で市場原理による公平準則に従う行為を用具的（instrumental）行為，肉親の間における無償の奉仕のような需要準則に従う行為を表出的（expressive）行為，そして当事者同士の睦まじさや結束が強調される際に選択されるとされる均等準則に従う行為を，用具的性格と表出的性格とを兼ね備えた「人情」的行為として位置づけ，この行為の準則を前述通り「人情法則」[11]とも表現している。さらに，この「人情」的行為においては，「面子工夫」（face-work）によって形成される「面子」が相手の行為を誘導するという意味で，重要な意味をもつとされる。

要するにこのモデルでは，純粋な手段的関係や純粋な感情的関係ではなく，手段と感情が半々を占めるような「混合的関係」を通して社会的資源が配分されるという構図が描かれている。黄光国［2004a；2005b］は，この「人情―面子理論モデル」は中国人の社会行為のプロトタイプであり，どの時代においても，そしてどの華人社会においても，この行動様式が確認されると主張する。そしてその文化的原因を，不変の「共時的な（synchronic）文化構造」［黄光国, 2005b, p.233］としての儒家の「庶民倫理」に求めている。彼は儒家の倫理を「済世の道」を内容とする「士の倫理」と，主に「仁，義，礼」からなる「庶民倫理」と分けているが，後者は主に『中庸』の解釈[12]によっている［黄光国, 2005b, p.230］。「人情―面子理論モデル」では，社会的交換の心理‐行動過程として，関係の判断，交換原則の選択，交換行為という3段階を設けているが，それに仁，義，礼を対応させている。全体的に，親疎，尊卑，中でも親疎の基準が強調されているが，この対応関係は厳密に理論化されているとは言えない段階にあるように見受けられる。

ただ，黄光国は，「人情―面子理論モデル」を中心とする中国人の行動に関する理論を「華人関係主義」理論から，「儒家関係主義」理論へと改称すると宣言している［黄光国, 2004b, p.63］ことからもわかるように，儒家の影響を一段と重視するに至っている。なお，黄はこの行動様式について，人間関

係を，(特別な) 関係のある人とない人とに二分し，関係のある人とは親密な付き合いをし，関係のない人には冷淡であり，また，成功や「面子」のために手段として特別な関係をつくる，というような中国人の行動様式は，いわゆる合理的民主主義社会が実現するまでなくならない，と指摘している［黄光国，2006］ことからもわかるように，「人情―面子」の行動様式については，概ね否定的な立場をとっている。

　一方，文化規制に重点が置かれているものとしては，翟学偉の研究［1993；2004］が重要な位置を占めている。彼によれば，中国社会は家族主義といわれるほど家族文化が根強く，したがって中国人の行為の基本様式は家族的行為の延長線上にある「人情」的行為であり，この行為は儒教の「人倫」思想などにより正当化されている［1993］。さらに，この「人情」的行為は礼によって一定の形式化が図られ，「情理」混合の行為へと帰結するとされる［2004］。ほかにも「人情」的交換行為の原因を伝統文化に求める議論が複数確認される。例えば，「情理」の文化［金耀基，1988a］，「私」を否定する文化［楊中芳・彭泗清，2005］，仁，義，礼からなる「庶民倫理」［黄光国，2005b］などの強調がそれである。

　それに対し筆者はかつて社会メカニズムの視点から「人情」的行為について分析を行った［李明伍，1997b］。筆者はまず「人情」的行為が，再分配や（市場）交換メカニズムの不備による互酬的行為の一種であると指摘した上で，その社会的交換の媒介として，多くの社会に見られる一般的慣習として捉えることも難しく，そして日本社会に顕著な〈義理〉とも性格を異にする「人情」が選択されるようになったのはなぜか，という問いを立て，主に日本社会との比較を通して，ネットワーク化傾向の社会的性格により超共同体規範的人間愛の理念による自己正当化の必要から「人情」が要請されるという見解を提示した。

　ここではそれを踏まえて社会資源配分における「人情」の位置づけについてもう少し詳しく見ていくこととする。

　前でも若干触れたが今日の中国社会は改革開放により市場経済化が進んで

いるが依然として「社会主義市場経済」であり，（市場）交換メカニズムの展開には限界がある。一方再分配メカニズムも市場経済化により機能低下が進んでおり，このような情況では当然ながら互酬メカニズムの重要度が増す。単純化して言えば，自ら進んで従うような服従を調達可能な権威の空間もしくは服従以外に選択肢のない絶対的な権力空間，そして非人格的なルールからなる権限の浸透している空間，さらには個別的な信頼の空間，といったものがそれぞれ再分配メカニズム，（市場）交換メカニズム，互酬メカニズムの展開を保証する要件として考えられよう。ただし絶対的権力空間は安定した再分配メカニズム持続の保障とはならないことは言うまでもない。このような観点からすると，現代中国の計画経済期において，初期の「共産主義理想」のもとでの「同志」的関係に支えられた再分配メカニズムの進展から，とりわけ文化大革命後期における「関係」的関係による再分配メカニズムの機能不全化へと変化したことは当然の帰結として理解されよう。

　次章以降で詳しく分析することとなるが，伝統中国においても再分配メカニズムは十分に発達しなかった。「天高く皇帝遠し」として表現される王権のあり方，そして「家産均分」に象徴される，細分化・個化指向の伝統的家制度は再分配メカニズムの発展を妨げたと言える。このような情況下で互酬メカニズムが発展するのは当然と言えよう。個単位の親族間で，さらには親族を超えて他者との間で互酬的交換を行うには信頼が必要となるが，その信頼関係の構築・維持において自発的助け合いの契機とされる同情としての人情が導入されることは自然な現象と言えよう。これは日本の〈義理〉との比較によってより明確になると思われる。

　中国社会における「人情」に近い現象として日本社会では〈義理〉と〈人情〉が挙げられるが，しかし〈人情〉は基本的に人間の自然な感情，同情心といった範疇に止まり[13]，互酬的交換行為の場面に登場するのは主に〈義理〉である。室伏哲郎［1980］は神にたてまつる礼物・供物の「まひ（幣）」，「まひなひ（幣）」およびそのオサガリを共食することにより神の威力にあやかる（「ミタマノフユ〔御霊の殖ゆ〕」）行為を日本の贈答行為の原型とし，そこ

から世俗的な権門への贈物（まひなひ〔幣〕）へ，さらには賄賂（まひなひ〔幣〕）へと展開されていく歴史の素描を行っているが，その中で氏は古語辞典にある〈義理〉の定義（「他人との交際に適当に挨拶や贈物をすること。また，その贈物」〔室伏，1980，p.51〕）を引きながらこのような贈答文化において〈義理〉が重要な位置を占めていると指摘する。互酬行為は有形無形の贈与とその返礼の形式をとるが，中国社会ではそれが「人情」現象として語られるのに対し，日本社会ではそれが〈義理〉現象として語られる傾向をもつのはなぜか。その解明に向け〈義理〉の具体的な展開について見てみることとする。

「恥の文化」論のきっかけを作ったR. ベネディクトは「『義理』は『義務』とは類を異にする一連の義務である。これに相当する言葉は英語には全く見当たらない。また，人類学者が世界の文化のうちに見いだす，あらゆる風変わりな道徳的義務の範疇の中でも，最も珍しいものの一つである。それは特に日本的なものである。」〔ベネディクト，R., 1967, p.155〕と述べているが，このような問題提起は日本文化論・日本人論における〈義理〉の研究に大きな影響を及ぼしてきた。正村俊之［1995］は〈義理〉に関する諸説を①意地説（一分説。「戦国武将の熱情」に由来する恥辱回避，体面保持等），②「他への配慮」説（利己的振る舞いは不義理等），③「好意の交換」説（「主君の恩に対する従者の報恩」，「契約〔約束・言葉等を含む〕に対する忠実」，「信頼に対する呼応」，「世間の日頃の好意に対する返し」，「特定の個人の好意に対する返し」などからなる「好意に対する好意の返し」等），④交際説（「労働・贈り物・饗応のやりとり」を象徴とする村民同士の「平素のつきあい」），⑤道義（規範）説（「集団のもつ生活規範」等）に整理し，そしてそれを踏まえて〈義理〉を主に意地説からなる「体面規範としての義理」と主に「他への配慮」説，「好意の交換」説，交際説などからなる「返礼規範としての義理」とに二分している。これらの分析で確認されるのは，〈義理〉の既存関係・所属集団成員への義務履行という性格である。したがって，一般的に既存関係外の人々との贈答の「義理はない」ということになる。このことは再分配メカニズムへの依存度が高いことを意味すると言えよう。

上で触れた通りベネディクトは〈義理〉は〈義務〉とも異なるものであると述べているが，それは〈義理人情〉という表現が示す通り，〈義理〉には〈人情〉的部分が含まれていることによると思われる。源了圓［1969］は〈義理〉には人間の自然な情感，情け，共感としての〈人情〉を含むような「暖かい義理」と外的な強制力による義務のような〈冷たい義理〉とがあり，「暖かい義理」から「冷たい義理」への変化が確認されるとしているが，しかし伝統の影響の残る今日においても，「『義理人情を解した人』というように，人情とセットになった一種の内面化された暖かな心情倫理ともいうべき面も有しており，義理と人情は一義化単純化できないアンビヴァレンスな関係にある」[14]という側面は否定できないように思われる。要するに「義理と人情はやがて乖離し，義理は公的なもの，人情は私的なものへと分裂し……義理は，こうして心情規範としての性格を喪失することによって，もっぱら外的強制力のもとで遂行される社会規範へと変質していった」［正村俊之，1995，p.72］という認識もあるが，しかし今日においても感謝の気持ちを込めた贈答行為が〈義理〉を欠かないために行われていることをはじめ，〈義理〉と表現される行為の多くに〈人情〉的要素を確認することができる。つまり自発的な部分は否定できないのである。このように，日本社会の場合，互酬行為は役割遂行の性格を強く有する〈義理〉的行為として認識される傾向が強いが，それには時代による程度の違いはあるにせよ，〈人情〉的エネルギーの底流も確認される。このような相互浸透は共同性指向の規範と自律性指向の心情との一元化傾向をも物語る。

　要するに，日本社会の場合その強い共同体的性格（規制と帰属意識の両方の強さ）により互酬行為に，原初的（中国古代思想における）抽象性・普遍性を共同体に合わせて薄める形で形成された[15]，共同体規範の建前としての〈義理〉が〈人情〉的成分も含ませながら準則として導入された。それに対し中国社会の場合，その弱い共同体的性格（家，地域，国家レベルにおける包括性の弱さ）や共同性指向の規範と心情の乖離・二元化などにより，互酬行為に共同性指向の規範としての「義」とは別に，超共同体的な，すなわち人間一般

表 3-1　互酬規範としての「人情」と〈義理〉の特徴

	「人情」	〈義理〉
契　機	超共同体的結合	共同体的・共同体補完的結合
贈答の力点	贈　る	返　す
正当性の根拠	共感的・同情的行為	義務遂行
負のサンクション	個別的報復	「恥」（集団的制裁）
範　囲	拡張的性向	世間内

出典）筆者作成。

に共通する同情，共感としての「人情」が準則として導入された。両者の特徴を単純化して対比させると表 3-1 のようになる。

　表 3-1 について若干説明を加えよう。まず契機について。上での考察からもわかるように中国社会では生活の糧を互酬に頼る傾向が強く，したがって既存共同体以外の人々との互酬関係の構築において助け合いの原動力となる同情心・共感としての「人情」が準則の建前として定着したことは当然の帰結といえる。一方日本社会では所属集団ないし既存の関係の中から生活の糧を確保する（これを広義の再分配メカニズムとしておこう）傾向が強く，したがって既存関係に付随する義務としての〈義理〉による関係維持・強化は必然と言える。その意味で〈義理〉は広義の再分配の枠の中での互酬といえる。次に贈答の力点について。「人情」は贈る，助けることに重点が置かれているのに対し〈義理〉は日頃の配慮への返礼，好意への報いなどが基調をなしているが，これは言うまでもなく契機の事情によるものである。3番目に正当性の根拠について。「人情」，〈義理〉の名称がまさにそれぞれの互酬行為の正当性を表しているが，「共感的・同情的行為」，「義務遂行」はそれぞれの一義的意味と見ることができる。4番目に負のサンクションについて。「人情」の場合も狭い村落の空間では，「人情」への返礼を欠く場合集団的制裁が確認されるが，しかし社会的ネットワークにおいては，制裁は基本的に個別的な報復という形がとられざるを得ない。〈義理〉の場合もその共同体的性格の強さにより集団的制裁としての「恥辱」，「羞恥」［正村，1995］が基本となるが[16]，とりわけ今日においては〈義理〉を果たさない部下への個別

的な制裁も十分考えられる。最後に範囲について。〈人情〉行為も一般的には既存の関係の範囲の中で行われるが，上の考察からもわかるように強い拡張の性格を有する。それに対し〈義理〉行為は，少なくとも「人情」との比較から見た場合，基本的に既存関係の中で行われると言える。

このように，「人情」は再分配メカニズムと市場メカニズムの不備にもより中国社会において互酬の重要なメカニズムを形づくっているのである。次章ではその社会的背景について詳しく見ていくこととする。

1) 例えば，中国検察日報によるインターネットサイト『正義網』（2003年1月21日）の「説説『人情案』」からもことの一端が窺える。
2) 2005年4月13日付『南方都市報』参照。
3) 『正義網』（2003年1月21日）の「説説『人情案』」参照。
4) 「『人情分』呼吁用制度来圧縮」（『西安晩報』デジタル版〔2013年11月18日〕）参照。〈http://epaper.xiancn.com/xawb/html/2013-11/18/content_254783.htm〉
5) 同情（漢字表現の場合）は自然な感情の発露という側面をもつが，現実の社会生活においては，（示されるべき）態度として捉えられ，同時にその延長線上の行動が期待される傾向も強いように思われる。そして（同一次元における）「優位」者から「劣位」者へという方向性も社会通念として存在すると言えよう。同情のこのような側面は社会規範と親和性をもつと言える。ここでは，この側面が強調されている（具体的には，「同情［する］に値する・しない」（中国語：「値得・不値得同情」）という慣用表現における同情も一例として挙げられる）。
6) 農村地域における現象については例えば黄玉琴［2002］参照。
7) 2005年4月15日付『揚子晩報』参照。
8) ここにおける互酬，再分配，交換に関する議論はポランニー［1975；1980］に基づいている。
9) ただ，その後彼は，場合によっては強い紐帯が求職や社会統合の面でもっと有効に作用するとも指摘する［Granovetter, Mark, S., 1982］。
10) これらの議論によれば，中国社会における「関係」（強い紐帯）は，弱い紐帯より確実な情報をもたらし［翟学偉，2003］，弱い紐帯からの情報獲得の割合は高くなく［辺燕傑・張文宏，2001］，また，「関係」は情報利益だけでなく，保証人の役割も果たす［羅家徳，2008］。
11) 成員間の睦まじい関係が強調されるときに出現するとされる「均等法則」（equality rule）の一類型として「人情法則」を位置づけている。
12) 『中庸』第20章における次の文によっている：「仁者，人也；親親為大。義者，宜也；尊賢為大。親親之殺〔差—引用者〕，尊賢之等，礼之所由生也。」

13) 日本にも「情けは人の為ならず」という格言があるが，それを「人に情けを掛けて助けてやることは，結局はその人のためにならない」という意味に「誤解」している人が「正解」の人とほぼ同数である（文化庁「平成22年度　国語に関する世論調査」）ことからも〈人情〉と互酬のつながりの弱さが窺えるように思われる。
14) 小島康敬「義理・人情」（子安宣邦監修・桂島宣弘他編『日本思想史辞典』ぺりかん社，2001, pp.131-32）参照。
15) 正村［1995］は，〈義理〉は主に「正しき道筋」という漢語の原義で使われていたが，近世に入ってから漢語にはなかった意味が加わり，多用されるようになったと指摘する。また，例えば大庭健他編『現代倫理学事典』（弘文堂，2006）には「義の成り立つ共同性には広狭があるため，たとえば仲間的結合の義と国家が要求する義とは対立する可能性がある。しかし，個々の義は究極的には全体的共同性あるいは普遍的正義に合致すべきものとも観念された。日本の『義理』は，特定の人間関係や制度的関係において成立し献身的な実現行為を要求する点で中国的な義と共通するが，そうした関係を超える超越的原理がないために個別的関係が絶対化された様相を示している」(p.154) とある。
16) 正村［1995］は，「体面規範としての義理」には「恥辱」，そして「返礼規範としての義理」には「羞恥」をそれぞれ当てている。

第2部 「顔」と社会規範

　中国の社会空間は二者関係が基調をなしており，したがって「顔」が社会的行為の準拠点，社会規範として重要な意味をもつが，普遍主義的ルールからなる三者空間の伸張はあり得るだろうか。

第4章 「関係網」の展開と家 (Jia) 文化

4・1 「関係社会」の語られ方

　中国社会の人間関係が，伝統的な旧中国の「朋友」的関係（friendship）から，共産党政権樹立後「同志」的関係（comradeship）に変わり［Vogel, E.F., 1965］，それがさらに文化大革命後期から用具的な「関係」的関係へと変わった［孫立平，1996］という指摘もあるが，「朋友」的な関係と「同志」的な関係が理想化されすぎている嫌いはあるものの，文革後期の状況が的確に捉えられているように思われる。

　文化大革命後期，経済停滞により物不足が深刻となり，人々は生活に必要なものを社会各界に張り巡らされた人脈すなわち「関係」を通して手に入れようとしていた。そしてその後もこのような「関係」が社会の主役であり続け，「関係」研究が中国大陸にとどまらず中国文化圏全体に広まるようになった。

　「関係」に関する実証研究は1990年代に盛んに行われたが，その多くにおいて，「関係」の重要な役割が指摘されている。とりわけ，企業が事業を展開する上で，「関係」が重要な役割を果たしているという指摘［李培林，1995；李路路，1995；胡必亮，1996］が目立つ。台湾においても同じことが確認されている。余伯泉・黄光国［1991］は，人治から制度化の法治への移行は中国式組織の現代化の重要な方向であるとの認識のもとで，中国の組織が西洋の管理理念の形式合理性（formal rationality）を内包した制度を導入しても，結果的に形式と実質の分離，法令と実際の分離といった形式主義（formalism）を

引き起こすのはなぜか，そして，どうすれば「人情関係」の利点を引き出し，弊害を取り除くことができるか，などを調べるために，台湾の高雄地区の国営企業3社の中堅幹部に対してアンケート調査を行い，「人情」を手段として見る道具性的「人情関係」は形式主義に結び付くが，感情的な一体感が強調される感情性的「人情関係」は，形式合理性とうまく融合すれば組織の現代化にプラスに作用する，という仮説の裏づけを得ている。

　2000年代に入ってからも社会資本論の影響を強く受けながら実証研究が盛んに行われ，「関係」資本の重要性が確認された。関係資本獲得と社会地位との関係に関するものでは，都市住民の場合，地位は関係資本獲得に強い影響があり［張文宏，2005a］，行政幹部，経営者，専門技術者層の社会関係資本総量は労働者のそれより多い［辺燕傑，2004］という指摘がなされ，そして，政策エリートの関係資本についての分析を通して，「行政級別」（官僚の位階）は重要な役割を果たす［朱旭峰(しゅぎょくほう)，2006］ということが明らかにされ，また幹部の研修機関である省委党校の学員に対する調査を通して，「関係」ネットワーク頂点の地位，親の「行政級別」，キーパースンの「行政級別」，キーパースンとの親密さ，などが地位獲得に影響を及ぼす［周玉，2006］という指摘がなされている。さらに，私営企業主の「関係」ネットワーク分析を通して，贈り物を媒介とし，「人情」を貨幣としながら，自分に必要な「関係」を構築し，さらに経済資本投入により関係強化を図り，相互利用へと発展させる，といった一連の「関係」構築のプロセスを明らかにし，それを踏まえて道具的な「関係」ネットワークは，社会制度へ全面浸透して権力関係の変容をもたらし，社会構造を変容させている，と指摘する研究［秦海霞，2006］も見られる。

　近年社会資本理論の一般理論分野で注目されている林南(りんなん)［リン，2008］も中国社会の「関係」資本調査を自らの理論構築に活用しており，「関係」現象の影響が窺われる。彼は主に一般理論としての社会関係資本論を展開しているが，そこにおける関係はインフォーマルな関係のことであり，中国社会における「関係」と基本的に一致すると見てよい。実際，林南［リン，2008］は中

国社会における「関係」の研究によって，その社会関係資本論の仮説の立証を試みている。林南によれば，社会関係資本とは「アクセスされる社会的紐帯のもつ資源」[p.80]のことであり，それは「(1)富（経済的資産），(2)権力（政治的資産），(3)名声（社会的資産）」[p.80]の3種類からなるとされる。つまり「関係」は富，権力，名声をもたらすということになる。

社会関係資本論では，このような前提のもとで，フォーマルな社会関係による社会地位（氏のいう「構造的地位」）や，学歴・職歴のような「人的資本」などが社会関係資本獲得にどのように影響するか，そして，社会関係資本のどのような形態（「関係」の人の社会的地位，威信の高さや，「関係網」の階層的分布，親疎の分布，など）の有効性が高いか，などの究明が図られている。氏はこの分析枠組みに基づいて，1998年に行われた中国の18都市調査データの分析を行い，次のような興味深い結果を述べている。女性に比べて男性のほうがもっと社会関係資本を獲得しているが，その際男性はより非親族的な紐帯へアクセスする傾向があり，しかも関係網における高い地位を占めるのは非親族の場合が多いことから，「非親族の紐帯は，一般的社会関係資本にアクセスする際により役に立つと結論付けることができる。もし非親族の紐帯が弱い紐帯を意味するのであれば，この結果は，グラノベッターが提起した弱い紐帯の強み理論を裏付けるものとなっているといえる」[リン，2008, p.145]と結論づけている。

何をもって「弱い紐帯」とするかは見解が分かれるところだが，それはともかくとして，非親族が関係網において重要な意味をもつという指摘からは，基本的に非親族間で行われる「人情」交換が社会的交換全体において重要な部分を占めているという事実を確認することができよう。

4・2 「関係」の諸相と「関係圏」の構造

これまで見てきたように，「人情」的交換行為は個別的な人間関係の中で行われる。この個別的な人間関係が広い意味での「関係」(guanxi)にあたる。

したがって，「人情」的交換行為は，「関係」を利用した交換行為とも言え，「人情」と「関係」が等置されることもあるが[1]，しかし厳密に言えば，ここにおける「人情」は互恵的ないし功利的な「報（bao）」の意味合いを強く有するのに対し，「関係」の場合は，功利的な交換に組み込まれない部分，すなわち純粋な個別的感情によって結ばれたものもあるので，より広い意味をもつと言える。

そもそも社会関係には少なくとも次の三つの類型が認められる。一つ目は組織社会のルールを介した役割関係であり，二つ目は特殊な人とのインフォーマルなつながりであり，そして三つ目は自我の宿る場所としての人間関係，つまり関係依存的自我という場合の，関係である。一つ目は集団主義的社会と親和性があり，二つ目は「差序格局」（後述）的社会構図と親和性があると言える。中国社会における「関係」の場合，主に二つ目の関係は強調されるが，三つ目の関係はあまり議論されない。

以下この「関係」の現象を手掛かりに中国社会における集合的アイデンティティ，もしくは連帯のあり方，つまり「同」の空間について見ていくことにする。

「関係」については数多くの研究［喬健，1988；金耀基，1988a；園田茂人，1988；Bian, 1994；何友暉他，1998；彭泗清，1999；楊中芳，2000；辺燕傑，2011］がなされてきているが，これまでの研究を概観すると，概念レベルで若干混乱している感があり，まずその交通整理が必要のように思われる。ここでは人間関係のあり方を単純化した図式を使って説明することとする（図4-1参照）。

かつての筆者［李明伍，2005］のまとめを踏まえて言えば，社会関係は基本的に生得的かそれとも獲得的か，そして感情的かそれとも形式的か，という二つの指標によって分類することができる。生得的なものの典型は血縁と言えよう。獲得的なものとしては，合意によるものが一般的といえる。感情的なつながりは，個別的なものであり，手段化とは無縁という意味で目的的である。形式的なつながりは慣習，法などによる一般化によってもたらされるものであり，それはまた手段的見地によるものであると言えよう。一般的に

図 4-1 社会関係の類型と「関係圏」

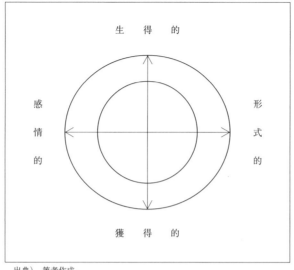

出典）筆者作成。

いって，生得的かつ感情的なつながりの典型は親子関係であり，獲得的かつ感情的なつながりの典型は親友関係であると言える。また，獲得的かつ形式的なつながりの典型は個人的付き合いのまったくない同僚関係が典型的であり，生得的かつ形式的なつながりの典型は，ほとんど付き合いのない親類と言えよう。

インフォーマルな人間関係に関する議論は，主に血縁重視の傾向をもつものと感情重視の傾向をもつものとに分けられる。ただし，この両者は対応する部分があることは言うまでもない。つまり，血縁が濃いほど感情の度合いが高くなるという主張は共通して見られる。主要議論について見てみよう。

現代中国の社会学・人類学の第一人者といわれる費孝通の代表的な学術概念に「差序格局」（格局とは構図の意）という社会関係を捉えたものがあるが，これについては多くの研究者が肯定的に評価している。費孝通はこの概念について厳密な定義をせず，比喩的に使っている。彼によれば，中国人における人間関係は，あたかも石ころを水の中に投げ込んだときにできる無数の波

紋のように広がっており，このような遠近の関係構図が差序格局と表現されるものである［費孝通，1988］。要するに，中国社会の人々は他者に対して一様に接するのではなく，親疎の程度に応じて異なった対応をするのであり，それが社会関係として定着していると言うのである。ここにおける親疎は生得－獲得の軸のものなのか，それとも感情－形式の軸のものなのかは，本人がはっきりしていないが，彼が血縁を重視していることから，血縁レベルに重きが置かれているとは言える。図4-1でいうと，生得的関係から獲得的関係へと，重要性の順位が広がっている局面として捉えられているということになる。前でも若干触れたが，面子などを媒介としたインフォーマルな社会交換研究を積極的に展開している黄光国は，この差序格局説の影響のもと，表出的（感情的）な関係，混合的な関係，用具的な関係という，三つの類型を提示し，その中で中国社会において顕著なのが混合的関係であると指摘している。黄光国においても，家族が強調されているが，しかし基本的に感情の面で分けている［黄光国，2004b］。図4-1でいうと，感情的関係と形式的関係（ただし公正なルールを背景にもつ），およびその間の両者を含んだ混合的関係が並んでいるという構図として捉えられているということになる。

　費孝通の場合は，論理的に，疎遠な関係になればなるほど，感情的だけでなく，公正な態度も薄れていくこととなるが，一方，黄光国の場合は，身内の対極にある人間関係は，公正原理に基づく関係となっている。黄光国のこの点に異論を唱えて注目を浴びているのが楊宜音である。彼女［楊宜音，1999］は，「自己人」（身内）と「外人」（他人）という概念を提示し，「自己人」の対極にある「外人」に対しては，必ずしも公正な態度をとるとは限らないと指摘する。ただし，「外人」から「自己人」になるケースも多く，したがってそのケーススタディの重要性を強調し，自らも精力的に調査を行っている。図4-1でいうと，感情的な関係と形式的な関係とを対置させており，しかも形式的な関係の場合，公正なルールを想定していない，ということになると思われる。このように，これらの議論にはいろいろと違いはあるものの，結局のところ強調されているのは，血縁的近しさにしろ，感情的親しさ

にしろ，個別な関係を重視している，ということである。この個別な関係がまさに中国社会の日常生活の場面で重要な地位を占める「関係（guanxi）」なのである。この「関係」には手段的な側面があると同時に，感情的な側面もある。

　この「関係」は，図4-1の小さな円の中に位置する。つまり，この空間には，生得的関係も含まれれば，獲得的関係も含まれる。そして感情的な要素と手段的な要素がともに含まれている。「関係」をもつ人々はここに位置づけられるので，「関係圏」と表現することもできよう。上の議論を含め，これまでの関連議論を総合すれば，小さな円が生活世界における基本的な関係であり，小さな円をくりぬいた後の大きな円の部分，つまり純感情×純生得，純感情×純獲得，純形式×純生得，純形式×純獲得，などの関係は，一般的なものではないように思われる。血縁的にもっとも近く，感情的に深いつながりのある親子関係であっても，そこには義務という形式が内在するのであり，世代間互酬的交換構造を考えるならば［楊宜音，1999，p.50］，この形式と手段性との間は紙一重と言えよう。

　ところで，このような「関係圏」においては，没人格的な形式（法や，神権的な強力な共同体の規範など）の色合いが薄いため，個人主義や集団主義とは違う原理が働く。そこには，言うなればつながりの倫理のような原理が働くと言える。そもそも「関係」の機能とは何か。それは資源動員の装置であり，同時に一人一人にとっての社会そのものであると言える。

4・3　社会関係のプロトタイプ

　「関係圏」の中のどの「関係」が基軸をなしているだろうか。これは社会関係のプロトタイプの問題でもある。この問題を考える上で中国の伝統的な家族制度を考察することは重要な意味をもつ。ヨーロッパをはじめ世界主要地域の家族構造がそれぞれの社会の仕組みに重要な影響を及ぼしているとするエマニュエル・トッドの論証（『世界の多様性―家族構造と近代性』〔藤原書店，

2008年］，『新ヨーロッパ大全Ⅰ・Ⅱ』〔藤原書店，1992年・1993年〕）を挙げるまでもなく，人間の集団生活は基本的に家族から始まるが，その体験は家族を超えた集団形成に少なからぬ影響を及ぼすと言える。そして何世紀もの長きにわたって形成された伝統的な家族の構造は，近代化の波によって形は変わっても社会意識等を媒介に相当長い期間集団・組織の編成に影響を及ぼし続けると見るべきであろう。

　前でも若干触れたように，フクヤマ［1996；2000］は，ウェーバーがピューリタンにおける家族外への美徳の実践に注目したことや，それとは対照的なものとして中国社会の血縁的つながりを捉えたことなどに基づいて，中国社会を血縁的つながりを基本とする無数の家族主義的集団によって成り立っている低信頼社会として位置づけている。このような血縁的で，閉鎖的というイメージの強い家族主義を中国社会に認める論者が多いことは今さら言うまでもない。楊国枢・葉明華[2005]は，家族の永続，親和，団結，富裕，名誉などの強調からなる家族主義（familism）を基礎とする家族指向が中国社会の社会指向の最重要な部分であると指摘する。

　しかしこの家族主義の強調によって，次のような事実の意義が軽視される恐れがある。それは非血縁的な他者との朋友的な横のつながりが重視されるという事実の意義である。前でも若干触れたようにVogel, E.F.［1965］は1949年以前の中国社会の基本的な人間関係の特徴をフレンドシップ（friendship）として捉え，共産党政権樹立後それがカムラッドシップ（comradeship）に変わったと論じているが，朋友関係（フレンドシップ）は今日の中国社会においても重要な意味をもつ。要するに，中国社会における生活は朋友への依存度が高いと言える。ここに中国社会の構造的特性を認めることができる。

　伝統中国における家産均分制は歴史的事実として多くの研究者が認めるところであるが，この制度および意識と朋友的つながりの重要性は密接に関係するように思われる。陳其南[2006]は，中国の家族企業が細胞分裂のように多くなるのは家産均分慣行と関係があると指摘するが，このように分裂して独立する企業はもちろんのこと，そもそも家族成員も成人するにつれて独

立する傾向を強めていくので，非血縁関係も含め他者との互助，互恵関係の構築は必然となる。つまり家族（集団）から個が析出されるメカニズムは，析出された個が他者と連帯を構築するメカニズムに接続されると言えるのである。ただこの連帯は個化を達成した者同士によるものなので，集団的連帯への逆戻りは容易ではないように思われる。つまり，強い帰属意識を伴う他人との集団的連帯の可能性は低いと言える。これに関しては，依然として根強いとされる血縁論理も絡んでくると思われる。ここに朋友的つながりの契機が確認されるのである。

　つまり中国社会は血縁的原理による無数の閉鎖的つながりによって構成されるという性向がある一方，他方では，血縁的関係のような安心感が期待できない，不確実性をはらむ他者との関係を，信頼を媒介に構築していく形で形成されるという部分も大きい。前者を「血縁原理」，後者を「朋友原理」と表現することもできよう。この二つは矛盾するように見えるが，相互補完ないし相互依存関係にあると見るべきである。まさにこの相互補完・相互依存関係により，中国社会では「潜規則」が重要な意味をもつことになる。

　その理由を単純化して表現すると次のようになる。多くの研究者が指摘するように，中国社会では血縁原理が重要な位置を占める。このことは家族企業的性向の強さや「宗族復興」現象からもことの一端が窺える。全国工商聯・中山大学・浙江大学による，中国初の全国規模家族企業調査［中国民（私）営経済研究会家族企業研究課題組, 2011］によると，2010年現在私営企業の85.4％が家族企業で，1989年から2010年までの間の平均企業寿命は9年と短い。また，共産党政権下で解体を余儀なくされた宗族集団が1980年代からとりわけ農村地域で復活の傾向を強め，「宗族復興」現象として研究が進んでいる［戴五宏・張先清, 2014］。諸々の媒介要因を省略して言えば，この血縁原理は血縁を超えた集団への帰属意識を弱め，そのルールの内面化を妨げる。一方，血縁集団内部は，家産均分制的細胞分裂の傾向が根強く残存しており（家族企業の細胞分裂等），しかも近代化の進展によって社会的流動化が促進され，血縁のつながりの外で他者と関係を構築する機会が増大するように

なるが，その際「人情」という超共同体的な原則によってルールが形成されていく。これが「潜規則」の基本形と言える。つまり血縁が重視される一方，他方では血縁的つながりにおける個人の自立性が強く，したがって，前者によって血縁以外の他者との集団主義的結合が妨げられ，後者の原因とも相まって超集団的・超共同体的な横のつながりのルールである「人情」によって血縁以外の他者との間で関係が構築されるが，これを朋友原理と言うならば，この原理はこのように血縁原理に依存しているのであり，両者は相互補完関係にあるのである。

　このように，ある程度不確実性を伴う交換行為を選ぶのは，再分配や市場メカニズムの不備によるところが大きいことは言うまでもない。前章を踏まえる形でここでは市場メカニズムの不備については贅言を避け，主に再分配システムについて見てみよう。再分配システムともっとも親和性をもつのは古今東西を問わず家族と言えようが，しかし当然ながら程度の差は否定できない。再分配システムの機能を保障するのは何よりもメンバーの強い一体感であり，またそれによる権威の存在であるが，中国の伝統的家族・宗族の場合，この用件が十分に満たされていたとは言い難い。これについて筆者は別稿［1995；1997a；1997b］でも言及しているが，要するに，中国の伝統的家族の場合その家産均分制により，理想とされる複合家族の全体レベルにおいては言うまでもなく，その中の核家族に類似する存在としての「房」においても，あるいは「分家」後の小家族においても，家産均分制に基づくもち分意識により家父長は必ずしも十分な権威をもち得たとは言えない。宗族における権威の問題も，宗家の不在等により同様のことが言える。したがって未婚の子どもと親とからなる小家族はともかく，少なくともそれを超えた大家族，宗族の場合，包括的な再分配が十分機能していたとは言い難い。

　一方，家族を超えた一般社会においても，強い血縁論理により一体感の強い共同体の形成が妨げられた。このような状況は，人々が生活の糧の多くを集団における固定的な地位から得ていないことを物語る。しかも市場システムも不備となると，互酬性に頼らざるを得なくなる。そしてこの互酬の媒介

となるのが感情（同情，感謝の念）であり，その形式化傾向のものが「人情」なのである。このような理由により，中国社会では「人情」を離れては生活が困難であると言われるのである［翟学偉，2004］。周知の通り，共産党政権後は国家レベルで包括的な再分配制度がつくられたが，まともに機能するはずもなく，今日市場経済化が進められている。前でも述べたように，依然として市場メカニズムは不備なのであり，人々の資源交換は「人情」的交換行為に多くを頼っている。以上の考察から浮き彫りになるのは，中国社会において共益の意識のもとで行われる協力は，その多くが閉じた二者関係において行われるという事実であり，その意味で「共」の空間は基本的に二者関係から構成される傾向をもつということである。

　閻雲翔（えんうんしょう）［2000］も調査を通して類似の見解を示している。彼は中国北方農村における贈答行為の調査を通して，「関係」の実態を分析しているが，そこでは，「関係」が相手への信頼の度合いによって，核心域，信頼域，可能域に分けられ，それぞれ，一次集団で道具性的性格がほとんどない贈答行為の範囲，親友や近親など支え合っている関係の範囲，一般的な関係にある人で，道具性的性格が顕著な贈答行為の範囲として説明されている。

　「本土化概念」の一つである「自己人」論も，一見差序格局と趣旨を若干異にするように見えるが，実質は類似のものとして理解される。楊宜音（ぎおん）［1999］は都市と農村の居住者に対する参与観察と聞き取り調査を通して，伝統的な「自家人（zijiaren）」，およびそこから発展した「自己人（zijiren）」の構造と，「外人（wairen）」から「自己人」になるプロセスを分析している。信頼という観点から言えば，「自己人」とは信頼できる人，「外人」とは信頼の担保のない人のことである。農村の場合，「自己人」には一般的な「自家人」と相対的な親近感によるものとがある。「外人」から「自己人」になるのは主に次のような場合であるとされる。つまり，何らかの既存の関係（同級生など）から，感情的に「自家人」と同程度に信頼できるようになったら，「自己人」として認識される，というようなケースが一般的とされる。その際，肉親の擬制（「干親」）化も見られる。都市部の場合，既定の関係は同僚など，幅が広

く，そこから助け合い等の交流を通して，信頼できる「自己人」(「最好的朋友」，「鉄哥們」などとも表現される)となる。ただ，この概念は，内集団 (in-group)，外集団 (out-group) と異なり，「自己人」は同質的な集団概念ではない。この点に差序格局の構図が確認されよう。

以上の議論から，中国社会における基本的な関係は三者関係ではなく，二者関係であるということが確認される。つまり，ルールを発達させる三者以上の共同の関係からなる社会空間よりも，常に二者間の，交渉を含むコミュニケーションにより維持，更新される関係をベースに形成されるネットワークが特徴的のように見受けられる。中国社会論によく登場する「中間人」は，三者関係を構成するためではなく，恒常的な二者関係のゆえに，一時的に要請されるにすぎない，と見るべきだろう。

首藤明和 [2003] は中国東北部の農村調査を通して，中国は人間関係優先主義の社会であり，その組織原理は「包」的構造であると指摘する。氏によれば，村の人々は，不確定性への対処のため，できるだけ多くの人間関係を築こうとする傾向があり，そのような関係をもとに，問題対処にあたっては第三の人を介在させるのだが，そのようなあり方が「包」の仕組みであり，これは中国社会における信頼の構造と見ることもできる。劉軍 [2006] も中国東北部農村の調査を通して，中国では，重要な行為は，多くの場合三者関係の間で行われるのであって二者関係ではない，と指摘する。ここでいう第三者とは，仲介者，斡旋者のことであり，しかもそれは市場メカニズムが発達したところにおけるような企業，公的機関などの「法人格」ではなく，関係重視の中国では「自然人」が多い，と指摘する。この首藤と劉軍における第三者は，二者関係がベースにあるからこそ現れる現象であると言えよう。このように，「関係」，「差序格局」，「自己人」，「包」などの概念の分析により，中国社会の基本的な関係がある程度明らかになったと言えよう。但しその原因やメカニズムについては十分な研究がなされているとは言えず，多くの課題を残している。

ここでは，「関係」が社会それ自体であるということについて見てみよう。

農村地域における親疎に基づく「関係」ネットワークは，かつては協力の機能が強かったが，市場経済化の進展により協力の必要性が減ってきた今日においても「関係」のネットワークが重視されているのは，「関係」そのものが人々にとっては社会そのものだからではないかという調査報告も見られるが［涂駿,2009］，これは重要な問題提起と言える。類似の指摘は，他にも見られる。例えば，劉軍［2006］の調査によれば，農村地域において差序格局的に広がっている「関係」のネットワークは，労働力の貸し借り，小規模助け合い，資金援助などの協力の機能のほかに，感情交流という機能も大きい。また，首藤［2003］の調査でも，親疎の感情に基づく特別な関係は資源や情報の入手に利用されるが，それと同時にその関係の人々と喜怒哀楽を分かち合おうとする生き方そのものにもなっているという事実を確認している。

したがって，資源動員の側面のみに着目すると，「関係」維持のコストが効果を上回るような，いわゆる負の機能が指摘されることになる。劉林平［2006］は調査を通して「関係」利用は費用対効果の面で，交際費用に見合うだけの効果が認められないと指摘し，趙延東［2006］もレイオフ労働者の再就職調査を通して，大部分が「関係」を頼りにしたが，しかし，見つかった仕事は満足するものではなかったとして「関係」の負の機能を強調する[2]。このような指摘は，明らかに「関係」のもっと根源的な側面を見落としているといえよう。中国西部11省（市，自治区）の4万余りのサンプルのアンケート調査［趙延東,2008］によれば，都市，農村ともに，「関係」ネットワークの規模と心身の健康の間には正の相関が見られる。ただし，強い紐帯は精神健康と，そして弱い紐帯は身体健康とそれぞれ関係する。このような事実からも，「関係」が生活世界において重要な意味をもつことが窺われる。

関係のこのような機能を理解する上で比較文明論で知られるシュー（Hsu）［1971; 1985］の有名な「仁」説は多くのヒントを与えてくれる。同説では，人が社会文化的な存在であるという前提のもと，その中核部分として意識と社会文化の均衡状態（いわゆる「心理社会均衡」〔psychosocial homeostasis〕）を当て，それを「仁」としている。主には表現可能な意識（expressed conscious）

と親密な社会と文化（intimate society and culture）とからなる部分である。彼は，個体を宇宙の中心と見る Ptolemian 的な人間観とは異なり，個体を固定的な実態とは見ず，他者との動態的なバランスのなかから現れるものと見る Galilean 的な人間観に立ち，前者の観点からの人格（personality）に対して，「仁」を対置させている。

　彼のこの説は言うまでもなく儒教の「仁」説からの展開である。儒教では「仁也者人也」（『孟子』），「仁者人也」（『中庸』），「仁者人之所以為人之理也」（『孟子集注』〔朱熹〕）などの言説からもわかるように，人間の本質を「仁」に求める傾向がある。中国文化に対する鋭い批判を展開することで著名な孫隆基［2004］もこの儒教の「仁」的人間観に基づき，中国文化は人間を2人の間の関係により確定される存在として設計したと指摘する。儒教のこのような思想がそのまま中国人の人間観や関連行動に反映されたとは言えないが，一定程度影響を受けていることは否定できないと言えよう。ただ重要なのはやはり中国人の置かれた社会的環境が関係による人間の定義という人間観の形成に重要な役割を果たしてきたという点であるように思われる。

　ところで，シュー（Hsu）［1971; 1985］におけるこのような関係的自我においても，親密な関係が前提となっているという色合いが濃いが，一般的な他者が排除されてはいない。中国社会における基本的人間関係は，上での考察からもわかるように，集団主義的な役割関係でもなければ，自己中心的で他者を手段視する極端な手段的関係でもなく，シュー説における，若干開放的な仁的関係に近いと言える。これを関係のプロトタイプと呼んでおこう。

　ちなみに，Hsu の影響も受けている「間人主義」の提唱者濱口惠俊［1982; 2003］の「間人」モデルにおける人間を規定する「人と人」は一般性・普遍性を強く有するが，それに比べて中国社会において人間を規定する「人と人」（関係）の場合個別性の度合いが高いということは強調されなければならない。

　要するに，この関係は極端な集団主義的でも，また極端な自己中心主義的でもなく，他者との関係化が自らの存在形態でもあるような部分も含んだ関

係と言える。このような捉え方をしてはじめて中国社会における朋友関係の必然性，重要性が理解されよう。

4・4　ネットワーク指向と階層論の限界

　これまでの考察から中国社会では社会資本動員という必要のみならず，関係的自我の文化により「関係」の構築・維持の強い傾向が確認されるが，これが社会のネットワーク化に直結されることは言うまでもない。第1章で述べた「関係」構築の六つの方法［喬健，1988］（①「襲」，②「認」，③「拉」，④「鉆」，⑤「套」，⑥「聯」）からは，時代的背景による部分が大きい[3]にせよ関係構築への強い志向性が窺える。

　このような「関係」によるネットワークは，たしかに今のところ社会統合と矛盾する傾向をもつ。とりわけ中国社会におけるこのような傾向を指摘する研究は多い。共産党政権樹立以前の社会に関する共同体論争［旗田巍，1973］における共同体否定論から前述のフクヤマの信頼論に至る多くの研究があるが，そもそもこれらの研究はマックス・ウェーバーの中国観の影響を強く受けている。

　中国研究ではないが，社会学において古典的な議論になっているグラノヴェター［2006＝1973］の「弱い紐帯の強さ」説もこの流れに属する。グラノヴェターは「紐帯の強さとは，ともに過ごす時間量，情緒的な強度，親密さ（秘密を打ち明け合うこと），助け合いの程度，という4次元を（おそらく線形的に）組み合わせたものである。」［p.125］とした上で，「弱い紐帯は，疎外を生み出す元凶と見なされることが多かったが……，本稿では，個人が機会を手に入れる上で，またその個人がコミュニティに統合される上で，不可欠のものと見る。一方，強い紐帯は，局所的に凝集した部分を生み出すがゆえに，全体を見渡せば断片化をもたらしていると言えるのである。」［p.147］と述べ，社会統合の面では，弱い紐帯が機能的にもっと重要な意味をもつと主張する。

ここでいう強い紐帯は中国における「関係」に置き換えて考えることもでき，社会統合に対する強い紐帯の負の機能は，「関係」についてもある程度言えることである。ただ，グラノヴェターも最初の議論から10年ほど経ってから強い紐帯も条件によっては社会統合にプラスの役割を果たすと言って，強い紐帯の見直しを行っている〔Granovetter, Mark S., 1982〕ように，「関係」がどの条件下でも，そしてどの時代においても社会統合を妨げるとは言えないように思われる。

　以上のように，中国社会における人間関係は，「顔」を媒介とした「関係」のネットワーク化の傾向が強く，したがってフォーマル組織関係や階層関係の分析のみでは，社会の実態把握が困難と言える。

　中国における近代的市民社会の可能性，ひいては社会統合のあり方などの問題は，言うまでもなく中国研究の大きなテーマであるが，既存研究では制度と階層の分析によるアプローチが目立つ。これらの研究はそれなりに有効性をもち，ある程度中国社会の実態を明らかにしているが，しかし，そこにおける展望とは違った方向への社会の展開も確認される。一方これらとは異質のアプローチとして，人間関係，ないし社会ネットワークの研究があるが，後者は顔論的アプローチと接点をもつ。ここでは，まず階層研究の問題点を指摘し，その上で人間関係論，社会ネットワーク研究の展開について見ていくこととする。

　周知のように，計画経済期の中国においては，階級闘争が叫ばれる中，建前上は大多数が人民に属する平等社会とされていたが，実際は基本的に幹部，労働者，農民という身分からなる社会だった。李強［2008］も指摘するように，当時は実質的に，専業技術幹部と行政幹部の間の政治身分障壁，工人（労働者）と幹部の間の档案身分障壁[4]，工人と農民の間の戸籍身分障壁などによって社会が分断されていた。改革開放後，市場経済化に伴いこれらの障壁は弱体化し（具体的には，戸籍移動がなくても都会での就労が可能となり〔「戸籍制度の突破」〕，行政階級制に基づく企業等組織のランク付け制度の見直し〔「官本位制の変化」〕，「人材交流センター」等を通して自由に就職できるようになり〔「档案身分

の突破」),「物権法」等私的所有に関する法律が徐々に整備される〔「所有権強化」〕［李強，2008］につれて），階層の再編が行われるようになった。このような変化により，関心は中間層およびそれをベースとする市民社会の出現に集中するようになった。

　このような背景のもとで盛んになった階層研究は，ある程度成果を挙げているように思われる。ただ，研究結果には多くの問題点が確認される。ここでは，中間層の厚みのずれ，断絶構造と社会的安定の不思議な結合，市民社会への展望の困難さ，など三つ取り上げておく。まず，研究者によって中間層の厚みに大きなずれが見られる点について。中国社会科学院「当代中国社会階層構造研究」グループによる調査では「玉ねぎ」型の階層構造が指摘されているが［中国社会科学院社会学研究所，2004］，同時期李強［2005］が第5回人口調査のデータをもとに行った階層分析では，「逆丁字」型の階層構造が指摘されている。これは主に階層の指標の違いによるもので，所得を中心とした経済的指標に重点を置くのか，あるいは教育，さらには権力的地位をも重視するのか，などによって当然中間層の範囲も違ってくる。

　次に，断絶構造と社会的安定の結合について。孫立平［2004a；2006］によれば，中国社会は，1980年代の資源拡散から1990年代の資源再集中の過程で，貧富の格差が広がり，農民，農民工（出稼ぎ労働者），一時帰休者，失業者を主体とする底辺階層が形成し，社会構造は「断裂」（断絶）の様相を呈している。「体制外」（民間）勢力は発展しているものの，体制側は依然として，多くの市場要素，例えば資本，土地，労働力配置権などを掌握しており，企業と密接な関係を保持している。同時に，社会組織，社会事業に対しても強大な影響力をもつ。一方，農民，農民工，レイオフ状況にある労働者などは体制外に置き去りにされる，といった「断裂」社会の様相を呈している。これにより，90年代から権力・経済資源障壁（社会上層特に党・政府幹部階層は社会移動の面で，ますます閉鎖性，排他性を呈するようになり，社会的上昇は相当難しくなっていること），文化資源障壁（下層の文化資源獲得がますます困難になり，ブルーカラーが再生産されるようになっていること），就職機会の障壁（下層は権力

資源，経済資源，文化資源，関係資源等の欠乏により就職機会の剥奪が常態化していること）[曾鵬(そうほう)，2008] などが顕著になり，階層が固定化しつつあるという指摘も見られる。このような階層間の境界の形成は，さらには，階層毎のライフスタイルや階層アイデンティティの定着化につながっている[5)] [李強，2008]。

このような状況下で貧富の格差が広がり，ジニ係数が危険水域に達しているが[6)]，一方，このような格差は社会においてある程度容認されており [李強，2008]，社会的安定が保たれている。その原因について「砕片化」(分断化) [李強，2008] が有力視されている。それによると，中国の今日の収入構成，給与体系，福利体系は複雑であり，とりわけ戸籍身分集団 (農村戸籍と都市戸籍) の間や体制の異なる集団 (私営企業，外資系企業，国有企業など) の間ではそれが顕著である。そして各階層にはこのような性格の違う集団の成員が分散しており，したがって，例えば下層の場合，経済的な状況は同じでもそれぞれ異なる制度によって利益が確保される形でそれぞれの利害関心が「砕片化」されているので，下層としての共通の利害関係が生まれにくくなっている。このことが，貧富格差が大きいにもかかわらず，社会に深刻な不安定が見られない状況をもたらしている。これは重要な指摘であるが，社会的ネットワークに支えられている側面なども考慮されなければならない。

三番目に市民社会への展望の困難さについて。市民社会や民主化などの表現は中国では自由度の高いものではない。そもそも階層分類自体厳しい統制を受けてきた。したがって中国国内の研究では，欧米型の民主化をも意味する市民社会の実現可能性について直接議論されることはほとんどなく，主に欧米や日本の中国研究者の間でこのテーマがとりあげられてきた。それらの研究では，中間層が成長しており，それが民主化を推進し，体制崩壊につながるという展望が少なからず見られ [園田茂人，2008a]，自営業者，外資系ホワイトカラー，国有系ホワイトカラーなどからなる中間層は国家から相対的に自立しており，市場経済の進展とともに徐々に市民社会が成熟していく可能性がある [園田茂人，2001b] という指摘も見られる一方，それに対する反論も多く見られる。中でも経済の発展によって成長する中国の中間層が，アメ

リカ型民主主義を目指すと考えるのは「スターバックス神話」のようなもので，幻想に過ぎない［マン，2007］という議論は一時期話題となった。もちろん日本でも反論［園田，2008a］が見られる。このような混乱は，基本的には階層指標によって分けられた集団が共通の態度・行動をとるとする先入観が過度にもち込まれていることによるもののように思われる。

　このように，階層研究は限界をもつ。その限界を乗越える上で，社会ネットワーク論，さらに顔論からのアプローチが重要となってくる。

　前述通り，李強［2008］は階層においてはフォーマル集団によって利害関係が細かく分断され（「砕片化」），階層利益が主張されにくくなっているという認識を示しているが，それとは逆にインフォーマルなつながりによって階層の利益が図られているという主張もある。曾鵬［2008］によれば，改革開放の初期においては，市場経済化によって政治権力が弱体化するという「市場転換論」もあったが，しかし現状は権力壟断体制と市場メカニズムの併存状態であり，経済資本の拡大は，政治エリートの保護のもとで行われ，政治エリートの権力の商品化もまた経済エリートを通して実現されるという構図が出来上がり，さらに，このような体制の正当性を狙って，知識エリートの懐柔も行われるなど，政治，経済，文化の3エリートの同盟が成り立っている。そしてこの同盟は，あたかも強力なポンプのように，社会低層から資源を上層へ汲み上げ，社会的弱者の利益と権利を剥奪していると指摘されている。もちろんこの同盟はインフォーマルなレベルにおいて形成されるものであり，その過程においてはインフォーマルな人間関係が重要な役割を果たしている。

　このような認識のもとで，中国社会におけるインフォーマルな人間関係の研究が盛んに行われるようになった。

1）　これまでの研究では，「人情」と「関係」を混同する傾向が強いが，方法論的にも区別されるべきであると筆者は認識する。二者の異同・関係に関する体系的な考察は別

稿に譲りたい。
2) この階層の人たちは社会資本総量が貧弱な上，主に親戚，友人といった狭い範囲に頼ったことが原因として挙げられるとしている。
3) 背景として文化大革命後顕著となったコネ，裏口を通して生活に必要な資源を手に入れようとする風潮の横行が指摘される。当時「関係学」，「関係戸」の言葉がはやり，婚姻，生育，入学，戸籍，都市への帰還，職業，出国，食事，買い物，住居，診療，交通，娯楽など，ありとあらゆる生活が「関係」資源によって営まれていた。その「関係」の特徴として，自我中心的であること，近親のように固定的ではなく，現実的な目的が存在し，常に往来によって更新されるという意味で動態的であること，そして関係網を形成すること，などが挙げられる［喬健，1988］。
4) 档案とは人事管理の必要上設けられた，個人ファイルのことである。
5) 高級住宅区，富裕層向けと庶民向けに分離されている理髪店や診療所，富裕層の交際グループ，高額会員制のクラブ・会館，などが例として挙げられている。
6) 国営通信社新華社系の「経済参考報」(2010年5月10日)は，国家発展改革委員会の専門家の見解として，中国のジニ係数は2000年に0.4を超え，上昇し続けていると伝えている。

第5章 「公」と組織社会の編成原理

5・1 「公」と共同空間

　共産党政権樹立以前から多くの著名な学者，政治家たちが中国人は「公徳に欠けている」と指摘しており［沙蓮香，1989］，現代中国の著名な社会学者費孝通も共産党政権樹立前の1940年代に中国社会における共同（公）の様相を次のように記している。「共同（公家―原語）のものとわかれば，ほとんどの場合人々はそこから何かを得ようとしか考えない。つまりそれに対する権利は意識しても義務は意識しない。二，三戸の家が庭を共同で使っている場合でも，共同の廊下は例外なくほこりが山積し，庭には雑草が生え乱れるが誰一人それを片付けようとしない」［費孝通，1988］。このような光景は「公徳」の宣伝が繰り返されている今日の中国においても至る所で確認される。

　このような「公徳」の問題はとりもなおさず共同空間の秩序の問題であり，そしてその秩序を成り立たせる倫理の問題である。周知のようにこれらの問題は公共性の概念によって議論が展開されている。

　ところで，公共性の定義については様々な議論があるが，ここでは紙幅の関係上それらに対する詳述は避け，筆者［1996；1997a］のかつての定義を敷衍する形で議論を進めたい。現に公共性と公共圏（公共空間）との区別を強調する議論［山口定，2003］もあるが，概念として区別することはもちろん重要とはいえ，別建てで論ずることは難しいので，次のような定義が可能のように思われる。つまり公共性とは，もっとも広い意味では社会秩序のあり方であるが（この秩序によって社会が持続するという意味で社会契機とも言えよう），こ

の秩序は具体的には，合意形成の場がメンバー（過去や未来のメンバーを含むこともあろう）にどれだけ開かれているか，そして合意内容がどれだけメンバーに等しく関わっているかによって性格づけられると思われる。前者と後者はそれぞれ狭義の公共圏，公共性の問題と言えよう。

　もっとも社会は相対的均衡システムとして存続するのであり，この均衡は必ずしもメンバー同士の形式上の平等（合意形成の場および合意内容における平等）によってのみ維持されるものではなく，心理面も含め複雑な要素により均衡が維持され社会が持続することは言うまでもない。それぞれの社会には独自の均衡システムが存在するのであり，それがその社会の公共性文化なのである。したがって公共性論は公共性文化論と公共性理想論に分かれ，理想の公共性追求には公共性文化分析が不可欠と言える。

　西欧における公共性文化の変容に関する研究ではハーバーマス［1973］やセネット［1991］などが有名であり，オオヤケを主な手がかりとした日本の公共性文化に関する研究では有賀喜左衛門［1967］，安永寿延［1976］，三戸公［1976］などがよく知られている。一方「公」を主な手がかりとした中国の公共性文化に関する研究では安永［1976］の議論（早くから世俗化し，公開，公平，公正のような規範概念として確立される）や溝口雄三［1980］の議論（主に宋代以降の言説を中心に公の概念の変容を分析）は日本における嚆矢と言える。ただ，これらの議論では公のイデオロギー的側面の分析が目立ち，社会構造との関係についての分析はあまりなされていない。

　筆者はかつて史実や言説，社会構造についての考察を通して「公」の構造を分析した［李明伍，1995］が，その中で，「公」の三要素—共同空間，非権威的権力，「平分」的倫理—を指摘し，これらの要素によるダイナミックな構造—世俗的な権力（すなわち「公」）による「平分」（すなわち「公」）によって確認される共同空間（すなわち「公」）—について言及した。筆者は主に溝口［1980］の転換説に疑問を呈示し少なくとも秦漢以降の伝統中国全般における三要素の存在を指摘した。溝口［1980］によれば「公」は，宋代以前の「君主一己の政治的徳性」［p.22］から宋代の朱子における天理としての，し

かも私を否定する「公」へ，そして明末においては皇帝外の「私」をも含む「高一層の公」[p.28]へと展開，さらに清末民初において「没個的な天下公」[p.36]へと変化という転換（この部分について詳しくは李明伍[1995, p.47]参照）が見られるが[1]，筆者はそれについて疑問を提示し，甲骨文字研究で知られる白川静の文字学をはじめ文字学の知見や，社会史論の視角を導入することにより，先秦においてすでに三要素からなる「公」の構造が出来上がっていることを指摘し，さらに，家族・宗族制度の考察などを通して，家レベルにおける「公」の構造にも言及した。

　要するに，若干抽象的な表現になるが，伝統中国社会における三者空間の特徴としては，世俗的な権力による支配，支配倫理としての極端な平等，（大多数のメンバーにとっての）所与的空間，などを指摘することができる。この空間は権力による所与であるため，権力に対しては義務を負うが，メンバー同士（つまり「自己人」でない者同士）では権利の主張のみが目立つ。したがって，権力の監視から離れているほど無秩序さが増す。共産党政権以前だけでなく，今日においても深刻な状況にあるいわゆる「公徳」の問題はこのことを端的に示す。現代中国社会の公共性問題の本質はまさにここにあるのである。

　これまで考察してきた「人情」，「関係」現象からもわかるように，中国社会では「顔」によって結ばれる二者関係が非常に重要な意味をもつ。これは裏を返せば，三者関係，あるいは世俗的集団が相対的に軽視されている状態にほかならない。しかし，二者関係のみの社会は成り立たないのであり，実際無数の二者関係を包摂する力の空間が存在することは言うまでもない。この力の空間が公共性問題の核心をなすと言えよう。

　このような公共性文化は今日においても根強く残存している。社区への分析を通してその確認作業を行うこととしよう。

5・2　社区に見る「公」の再生産メカニズム

　今日，中国では社区建設が急ピッチで進んでいる。社区は費孝通による社会学概念 community の訳語であるが，社区建設においては行政区画に基づく地域社会を意味する。2000年頃から都市部において本格的に社区建設が始まり，2007年あたりからは農村地域の社区建設も開始されている。社区は自治組織であると定義しておきながら国家計画として建設を推し進めているのもさることながら，建設目標自体がはっきりしているとは言えない。単なる「単位」の受け皿なのか，それとも自律的な地域共同体なのか，あるいは管理のネットワークなのか，甚だ不透明である。

　このようなこともあり，社区はこれまで多くの研究者の関心を集めてきた。これまでの研究を概観すると，そこには市民社会論的アプローチと制度論的アプローチという二つの大きな流れが形成されていることに気付く。市民社会論的アプローチでは国家と社会の対立構図のもとで，社会の自律性の度合いが主な考察対象となり，制度論的アプローチでは，制度の機能が主な考察対象となっている。これらのアプローチはそれぞれ重要な側面に着目しており，それぞれ新しい発見をもたらしているが，限界も併せもつ。前者の場合はその二元論的傾向に内在する限界であり，後者の場合は，政策論との親和性という限界である。

　ここでは，このような認識を踏まえて，両義的視点と文化的視点とを積極的に導入しながら，社区変動の推進力について考察する。なお，本稿は，文献等による二次データの分析とともに，フィールドワークによる一次データの分析をもとにしている。筆者は2009年2月中国東北部長春市の社区について，聞き取りとアンケートによる調査を行った。聞き取りはX街道の社区担当者とG社区の責任者に対して行ったものであり，アンケートはX街道の二つの社区（G社区とS社区）を対象に行ったものである。アンケートは次のような方法で行った。まず街道の社区担当者に，性別，年齢，階層，職業

の面でバランスが取れる形で 300 名を選んでもらって調査票を配付し，5 日以内に回収した（有効サンプル数 298）。以下，これらの調査を踏まえながら，中国都市部社区の「自治」の性格について考察し，その上で社区ないし社会の変動における「第三の手」についても分析を試みることとする。

5・2・1　単位社会の解体と社区サービスの展開──「自己服務」と「自治」

　中国の都市部における居住区域は，李国慶[2006]，長田洋司[2009]，黒田由彦[2009a]なども指摘するように，今日基本的に次の三類型に分けられる。①旧市街地型混住区域，②「単位」型区域，③新開発型商品住宅区域，などがそれである。なお，北京を含む一部の大都市には，主に出稼ぎ労働者からなる流動人口集住区域も存在するが，戸籍の関係上基本的に社区制度は適用されない。長春市の場合，①の旧市街地型混住区域には，政府機関，事業団体，企業等が建てたオフィスビル，従業員用住宅や，商業施設などが混在している。そして従業員住宅も住宅制度改革により基本的に個人が買い取っており，それを建てた機関，団体，企業とは関係が薄くなっている。②の「単位」型区域は，上級政府機関，高等教育研究機関，大規模企業等の従業員の集住区域で，「単位」の影響力が依然根強く残っている。③の新開発型商品住宅区域は，一般的に「小区」と呼ばれているところで，勤務先とは関係なく，様々な職種の人々が入居している。行政区画の色合いの濃い社区も基本的にこの三類型に対応する。目下，多いのは①のタイプであり，③のタイプも増えつつある。筆者が重点的に調査したのは①のタイプの社区である。

　改革開放前は③のような居住区域は存在せず，①のような居住区域においても，住居は基本的に勤務先の「単位」のものであり，衣食住の生活を「単位」に依存していたので，その区域を管轄する街道－居民委員会とはそれほど関係が深くなかった。しかし，周知のように市場経済化の進展とともに，「単位」は従業員の社会福利を「社会化」するようになり，とりわけ住宅制度改革により，住環境のような生活環境は各個人の責任において守らなければ

ならなくなった。そこで登場したのが、「社区服務」すなわち社区サービスである。ここでこの移行過程について簡単に述べておこう。

改革開放前の都市部の末端社会では、「単位」による管理と、「街道－居民委員会」による、主に「単位」の傘に入れなかった人々に対する管理という、二つの管理システムが存在していた。街道とは政府の派出機関である街道弁事処のことで、その設立は「城市街道弁事処組織条例」(都市街道弁事処組織条例)(1954年全国人民代表大会常務委員会第4回会議で成立)に基づいている。この「条例」では、街道弁事処の任務として、①市や区の業務、②居民委員会の指導、③住民の意見と要望を上層に反映させることなどが明記されている。そして、組織は3～7名の専門人員で構成されることになっている[2]。この街道弁事処の規模はだんだん大きくなり、今では一般的に相当規模の役所となっている。筆者が訪れた長春市のX街道弁事処も、3階建てのオフィスビルを使用しており、組織も地域行政全般をほぼカバーするような部門に分かれていた[3]。

一方居民委員会は、「中華人民共和国城市居民委員会組織法」(1989年12月26日に第7期全国人民代表大会常務委員会代11回会議において成立し、1990年1月1日から施行)の前までは「城市居民委員会組織条例」(1954年12月31日に全国人民代表大会常務委員会第4回会議で成立)によって組織されていた。条例では、街道の住民に対する工作(指導)と組織化を強化するため設立される居民委員会は、大衆性的自治組織であると規定され、その任務として、①住民の福利に関する業務を行うこと、②人民委員会もしくはその派出機関に住民の意見と要望を反映させること、③政府の呼びかけに応じ、法律を遵守するよう住民を動員すること、④大衆的治安工作を直接指導すること、⑤民間の紛争を調停すること、などが挙げられている。

実際、改革開放前の居民委員会は、主に街道弁事処の指導のもと、派出所(警察)と協力しながら地域の治安維持にあたったり、住民トラブルの調停を行ったり、そして民政部門と協力しながら主に「単位」の傘のない社会的弱者に対する支援を行ったりしていた。要するに改革開放前は、街道－居民委

員会によって福祉サービスが行われていたが，商業活動との結び付きは認められていなかった。

　このような状況が改革開放後一変することとなる。市場経済化によって「単位」の支えを失った一時帰休者など生活の支援を必要とする人々が増え，中には若者も多かった。このような難局打開を目指して，1987年当時の民政部部長は，政府の唱道のもとで，社区成員が互助的に社会サービス活動を行い，それによって当該社区の問題を解決すること，これが社区サービスである，と述べ［唐鈞，2008］，それぞれの地域において自分たちの力で問題を解決するよう呼びかけている。このような状況の変化によって，従来の，身寄りのない年配者や，障害者といった特殊な社会集団の支援から，失業者や職のない若者の支援などへと重点が移行することとなる。そこで登場するのが，1980年代から1990年代の半ばにかけて盛んだった街道-居民委員会による産業活動である。雇用問題の解決と同時に，社会支援の費用を調達するという狙いからであることは言うまでもない。しかし，90年代後半になると，産業の部門が街道から外部へ移され，企業として独立されるようになり，街道-居民委員会という行政ラインと企業の分離が開始され，その延長線上で2000年から本格的に社区建設がスタートすることとなる。

　このような変化は改革開放後の二段階の市場化，すなわち改革開放開始から1990年代中頃にかけての周縁部の改革開放の第一段階と，1990年代後半からの中心部の改革開放の第二段階と軌を一にしている。李強［2008］のまとめによれば，中国の市場経済化による階層形成も二段階を経ている。初期の第一段階の市場化では，それまで周縁層（底辺）に属していた人々が起業し，小規模単位，地域のほうがその弾力性により「先富」を果たしたケースが多い。しかし1990年代の半ばあたりから始まる第二段階の市場化では，金融，保険，不動産，科学技術，教育，文化，衛生などの領域において市場化が進み，中心層（エリート層）が受益者となり，その過程において権力と市場の結託が進展し，エリートたちは手中の権力を利用して小集団，個人の利益を獲得していった。このようにして国有資産が様々な形で流失し，個人の

懐に入ることとなった。この第二段階の市場経済化では、農村住民よりは都市住民のほうが、小規模都市よりは大都市のほうが、そして下級部門よりは上級部門のほうがもっと利益を獲得するようになり、ニューリッチなどの特殊受益集団と社会底辺集団との格差が拡大し、階層が比較的固定化する傾向を見せるようになった。

　このような時代背景からもわかるように、1990年代後半あたりまでは末端のほうに権限が移譲され、わりと有利な条件のもとで自由な産業活動ができるようになっていた。このような状況の中で街道 - 居民委員会が住民に呼びかけて産業を興し、そこで得た利益を失業対策などに充てていたのである。このように、1990年代後半までの社区サービスは、地域住民の主体性が相当程度認められ、後述するような、行政的な「社区によるサービス」というよりも、街道 - 居民委員会の呼びかけではあったが、住民が積極的に街道産業に参与する形で、自助、互助による「自己服務」すなわち「社区でのサービス」を行っていたと言える。

　このことは、社区という言葉のニュアンスの変化からも窺い知ることができる。江立華・沈潔[2008]によれば、今でこそ社区は地域コミュニティを指す言葉となっているが、1980年代後半あたりまでは、「社区服務」という形で使われ、その意味するところも社会によるサービスというようなものだった。つまり、非「単位」、非「政府」という意味での社会によるサービスという文脈で使われていた。例えば、1987年9月に武漢市で開かれた民政部主催の「全国城市社会服務工作座談会」（全国都市社会サービス工作座談会）において「社区服務」の内容が具体的に議論されたが、しかしそこでは依然として社会サービスのようなものとして捉えられていたのであり、1989年の「居民委員会組織法」成立を受け、中央から出された通達文（「民政部関於在全国推進城市社区建設的意見」〔中弁発（2000）23号〕）において社区が一定の地域範囲に集住する人々によって組織された社会生活共同体として定義されるに至った。後述するように、ここから社区の区画化、制度化が進展するようになるが、それまで社区は、「非単位」、「非政府」の地域社会という、漠然とし

た意味しかもたなかったと言える。重要なのは地域社会を動員して，「単位」から放り出された人々を救済することだった。

　筆者が調査（2009年2月）で訪れた長春市のX街道も上述と同じ経過を辿っていた。重点的に調査を行ったこの街道の中のG社区における社区サービスの現状と，性格について見てみよう。G社区は，人口1万7,000人強，戸数5,700余りの，比較的大規模の区域である。特徴としては，旧市街地型混住地域で，政府機関や学校，病院などの施設が多く（150強の単位[4]），住民の多くは分散した形で居住しており，特別困窮者（339戸665人の生活保護者）や一時帰休者が多い，などの点が挙げられる。社区オフィスビルは3階建てで，床面積は760平方メートルもあり，中には総合オフィスホールをはじめ，党組織弁公室，警務室，多目的活動室，図書閲覧室，衛生服務ステーション，市民創業学校，社区学校などが設けられている。2002年に長春市の社区を調査した黒田［2009a］は，このタイプの社区（氏のいう「街区型社区」）の特徴として，社区内の「単位」を利用した社区建設体制を挙げているが，この社区でも区域内の「単位」を動員して，社区サービスを行っていた。

　この社区で行っている社区サービスも，中央政府（主に民政部），省政府，市政府，区政府，街道弁事処がそれぞれ上級の方針を具体化して定めた基準や目標に基づいて行っているので，筆者の調べたほかの地域と形式上それほど変わるものではなかった。江立華・沈潔［2008］らの中国都市部における社会福祉の分類を参考にすれば，最低限の生活を保障し，生活上の不確定性的リスクの回避を目指すいわゆる社会保障系のサービスと，既存生活レベルの向上を目指すいわゆる狭義の社会福祉系のサービスとに，二分される。前者は主に行政業務の一環として政府から依託されたもので，年金，失業保険，などの社会保険に関するサービス，社会的弱者（身寄りのないお年寄り，孤児，障害者），特殊な地位の人々やその家族（軍属，負傷軍人，烈士遺族など）に対する支援，生活保護家庭，罹災者などへの支援などが含まれており，後者は街の公共衛生，家事支援などを含む住民の利便性を図ったもの，住民の娯楽活動，法や科学知識一般の普及活動，青少年の情緒的教育活動，住民の

健康管理，生育5)などに関するサービスである。このほかに，住民トラブルの調停，治安協力などがあるが，これらはしいて言えば前者に含まれるものと思われる。一般的に社区サービスという場合，つまり狭い意味での社区サービスの場合，これらと後者を指す場合が多い。

　後でも詳しく検討することにするが，長春市民政局副局長の2008年の報告6)では，社区サービスのあり方について，街道の指導のもとで，居民委員会やボランティア団体，政府，民間企業などが協力して社区サービスを進める体制を目指すとしている。しかし，実際は街道（政府）の指示，組織化によるという色合いが濃い。ただし，比重は大きくないが，たしかに街道－社区居民委員会が直接行う場合以外にも，社区内の政府機関，教育機関を含む事業団体，企業などが動員に応じて行う場合，そしてボランティア団体などの社会団体，営利団体などが行う場合などがある。

　社区では前述の衛生服務ステーション，市民創業学校，社区学校などのほかに，在宅介護社会化サービスステーション，障害者権利保護ステーション，再就職支援ステーションなどを拠点にサービスが行われており，特に社区学校を通した文化活動に注力しているように見受けられる。ボランティアは，住民生活観察，パトロール，住民互助，環境管理などの5団体が活動中で，党員，共青団員，人代代表，政協代表，社区駐在機関職員，住民などからなる1,800人ほどが活動に参加しているとされている。この数字は「長春市和諧社区建設指導基準」（2008年9月10日）の規定（5団体以上の社会団体を確保すること，ボランティアの数が全社区人口の8％以上になるようにすること）をクリアしていることになる。

　具体的な活動実績としては，定期的に募金活動を行い，これまでお正月に50戸の特別貧困家庭を訪問して慰問金を届けたことをはじめ，300戸の貧困住民を支援したこと，そして貧困家庭の学生15人に1人あたり500元の奨学金を給付したこと，2007年度各種無償修理を132回行ったこと，無償往診・薬の届けを94回行ったこと，訪問理髪を62回行ったこと，再就職訓練を6回行ったこと（89名が訓練を受け，23名が就職），などが挙げられる。

住民の社区サービスへの参与に関しては，長春市副局長も認めているように[7]，一般住民の参与の度合いは低く，主に党員や年配者，退職者，一時帰休者，主婦などの参与が目立つ（筆者の社区アンケート調査における「ご家族ではどの程度社区活動に参加されていますか」という設問に対する回答結果は次の通りである〔社区サービスだけでなく，社区活動全般について尋ねたものであるが，ここからも参与度合いがそれほど高くないことが分かる〕。「ほとんど参加しない」〔33％〕と「年に1，2回」〔21.33％〕とを合わせると半数以上を占める。ちなみに「その他」が14.67％，「ほぼ毎月1回」が13.33％，「年に3〜5回」が10％，「毎週複数回」が2.67％，「毎月2，3回」が2.33％，「ほぼ毎週1回」が1.33％となっている）。

5・2・2　社区建設の展開と行政化──「自己管理・自己監督」と「自治」

社区建設の目標は何だろうか。改めて考えると単純な問題ではないことに気付く。肖瑛[2008]は，政府の言説と学者の研究を総合して言えば，社区建設の目標としては，①（快適な）生活空間，②住民自治，③市民社会，の三つが考えられるが，しかし政府の態度，とりわけ住民参加ないし住民自治に対する態度は矛盾しているとの認識を示している。しかしこれは，住民自治をどのように捉えるかによるものであって，政府の態度は一貫しているように思われる。このことは中央政府が民政部の従来の「基層政権建設司」を1998年に「基層政権建設和社区建設司」（基層政権建設・社区建設司）に改称したことにも現れているように思われる。つまり基層政権という枠組みの重みを感じさせられるのである。以下では，社区建設の展開についての考察を通してこの問題への接近を試みることとする。

前でも若干触れたように，1990年代後半から，それまでの「街道経済」，「居民委員会経済」による社区サービスを，国の財政によるものへと転換し，街道や居民委員会に，社区サービス費用の市場調達から手を引かせたが，これについては好景気のもと，政府の税収が増えたことを一因として考えることもできるが［李妍焱，2006］，それと同時に，あるいはむしろそれ以上に居民委員会が市場に飲み込まれることを防ぐことが重要な原因［黒田由彦，

2009a〕だったと思われる。ただし，それが居民委員会ないし社区の自治への配慮によるものなのかどうかは議論の余地があろう。

　今日のようなかたちでの社区建設が本格的に全国範囲で展開されるようになったのは，2000年党中央弁公庁および国務院の承認による民政部の「全国で都市社区建設を推し進めることに関する意見」(「在全国推進城市社区建設的意見」〔中弁発 (2000) 23号〕) の通達以降であることは多くの研究者〔李姸焱，2006；王穎，2008；王明美・程宇航，2008；黒田由彦，2009a〕が指摘するところである。この文件はそれまでの1年間余りにわたる社区実験 (上海，瀋陽をはじめとする一部都市における26の社区に対して行われたもの) をもとに制定されたものであるが，それにより，従来の街居制 (街道弁事処 - 居民委員会体制) から社区制へ〔王明美・程宇航，2008；黒田由彦，2009a〕と移行するようになった。今日においても社区建設は，行政サービスも含めた広い意味での社区サービス (「社区服務」) が重要な意味をもつが，この2000年を境にどのような変化があったのだろうか。

　まず指摘されるのは，「社区」という新しい区域が行政によって画定されるようになったことである。前述の民政部の通達 (中弁発〔2000〕23号) には，従来の居民委員会の管轄範囲は狭すぎるので，「元の街道弁事処，居民委員会の管轄区域に対して適宜調整を行い，調整後の居民委員会の管轄区域を社区区域とし，社区と称することとする」(同文件一の (三)，四の (二)) と記されている。従来の居民委員会の管轄区域は1989年の「城市居民委員会組織法」に基づくもので，そこには範囲が100戸〜700戸となっていた (第6条)。この通達を受けて，全国範囲で社区が画定されることとなるが，1,000戸以上が一般的となった。筆者の調査した社区は5,000戸を超えていた。

　次に注目されるのは，「自己管理」，特に「自己監督」が強調されるようになったことである。1989年の「城市居民委員会組織法」には，「居民委員会は住民が自己管理，自己教育，自己服務を行う基層大衆性的自治組織である」(第2条) となっているが，2000年の文件 (中弁発〔2000〕23号) では，「社区居民委員会の根本的性質は，党の指導のもとで社区住民が自己管理，自己

教育，自己服務，自己監督を行う大衆性的自治組織であること」（四の（二））と表現されている。要するに，「自治」の要件に，新たに「自己監督」が加わったことである。「自己管理」，「自己教育」，「自己服務」は「自治」的行為に強調点が置かれるが，「自己監督」はどちらかと言えば「自治」制度・規範に重きが置かれていると言える。この文面通りに，2000年以降は「自治」制度の模索が盛んになるのである。

1989年の「城市居民委員会組織法」においても，居民委員会とは別に，居民委員会の権力を制約する機関としての居民会議の規定が見られるが，本法の名称が示す通り，議決・執行合一の機関ないし執行機関としての居民委員会の存在感が突出している。一方2000年の民政部の通達（中弁発〔2000〕23号）では，居民委員会のほかに，党，社区の専門職（「専業的社区工作者」），ボランティアなどからなる社区の総合的推進力（「整体合力」）が強調されている。抽象的な表現に止まっているが，社区における居民委員会の機能の明確化が示唆されている。実際その後，居民委員会を執行機関として位置づけようとするところや，議決機関として位置づけようとするところ，さらには居民委員会を社区という自治集団の一部分として位置づけようとする議論などが現れることとなる。

ここではまず代表的なモデルケースについての分析を通して，「自治」のあり方を考察することとする。「瀋陽モデル」，「深圳モデル」などは，2000年から始まった社区体制の枠組みの形成に大きな影響を及ぼしているとされる[8]。

まず「瀋陽モデル」について。王穎［2008］によれば，社区建設の実験拠点となった瀋陽では1999年に近隣社区制（従来の居民委員会よりは大きく，街道よりは小さい規模で，1,000〜1,500戸からなる区域を画定。それによりそれまでの2,753の居民委員会が1,277の社区に再編）を実施し，従来の「政府の舌と足」としての居民委員会体制からの脱皮を図った。このモデルの特徴は，住民自治が強調されている点であり，社区には党の組織，社区成員代表大会，社区居民委員会，社区協商議事会などが設立され，役割分担を図りながら社区サー

ビスにあたる，という点である［黒田由彦，2009a］。要するに，このモデルは，複数の権力主体が相互に牽制しあい，協力しあいながら社区の運営にあたる，いわば比較的民主的な仕組みと言える。瀋陽市瀋川区では，各社区に選挙による人民連絡員を置き，人民代表大会に参加させている。選挙権以外のすべての権限を有するとされ，これは社区ごとに人民代表が必要というメッセージでもあるという指摘［王穎，2008］もあるが，ここにも前述の特徴が現われていると言えよう。

「瀋陽モデル」と近いものとして北京（西城区）のモデルを挙げることができる。「三元組織体系」［王穎，2008］モデルと呼ばれるもので，三元組織とは党，政府，社区成員代表大会のことで，それらの影響下にある社区居民委員会が実質の「議」の機関となり，そのもとに社区工作ステーションが「行」の機関として設けられている。具体的には，社区成員代表大会（選挙による住民代表，推薦による社区内団体代表，社区内に居住する人民代表，政治協商委員からなる）により選出される居民委員会は党と政府の指導を受けるが，直接社区工作ステーションを指導する。ここでは小政府，大社区が標榜されており，住民参与の度合いを高めているとされている。

次に「深圳モデル」について。王穎［2008］によれば，深圳モデルは「一会二站式」と呼ばれるもので，一会とは居民委員会，二站は社区服務站（民間非営利団体）と社区工作站（街道の派出機構）を指す。この二站は居民委員会の指導も受けるが，実質街道に直属する機関となっているので，迅速な対応ができるという特徴をもつ。居民委員会は直接選挙によるが，社区代表大会は設けない。要するに，実質的に議（居民委員会）のみで，居民委員会による「執行機関」（両站）への影響力は大きくない。この状況では，諸サービスは迅速に行われるが，住民代表の居民委員会は，存在基盤としての権限，資源がともに弱体化する。ここでは，街道（政府）が「自治」の形で，自分の足（站）を社区へ踏み入れているのである。

このモデルに近いものとして「上海モデル」が挙げられる。上海は行政権限の下級移譲，とりわけ街道への移譲が比較的成功した都市とされている

[黒田由彦，2009a]。盧漢龍（ろかんりゅう）・李駿（しゅん）［2007］によれば，上海と瀋陽は対照的で，民政部は当初上海を街道と居民委員会の一体化を特徴とする「行政推進」型社区として位置づけている。費孝通［2002］は，上海の社区建設と関連して，二級政府（市政府，区政府）三級管理（市政府の管理，区政府の管理，街道弁事処の管理）を超えて，最終的には，四級ネットワーク（市，区，街道，居民委員会の四級ネットワーク）も加えたものが都市行政の枠組みとなるべきという認識を示しているが，実際上海では，居民委員会が第四級のネットワークとして位置づけられ，街道が居民委員会に指令を出す仕組みが出来上がった。街道がある程度の権限を委譲され，属地的な行政を行うスタイルが確立されているとすれば，これは当然の帰結と言えるかもしれない。ただ，1990年代末からの上海のこのような「二級政府，三級管理，四級ネットワーク」式の管理は，すでに二級政府サービス（市政府行政サービス，区政府行政サービス），一級社区自治（街道・居民委員会の社区自治）に転換しつつあるという報告［王穎，2008］もある。

　次に調査地長春市の社区の制度化について見てみよう。調査地のG社区には，党委員会，居民委員会，居民代表大会，居民議事協商委員会，公共事務服務センターなどの機構が設けられているが，実質的には，街道によって選任された者が居民委員会を構成し，そして，同メンバーが執行機関的な公共事務服務センターの中心的なメンバーとなっている。このセンターは，社区居民委員会の直属機関で，居民委員会の主任がセンター主任を兼任する。スタッフは居民委員会のメンバーのほかに，政府機関からの出向者，社区公益職位の人員などから構成されており，調査時点では30名が在籍していた。センターは街道の指導のもとで，専門化された業務に携わるとされている。

　この公共事務服務センターは全国に先駆けて長春市において設立されたもので，その職責については次のように規定されている。①「居民委員会組織法」に定められている居民委員会の任務の中で関連する事務を請け負い，社区居民委員会が提出する工作計画および社区居民委員会会議の決定を実行する。また，定期的に社区居民委員会に業務報告を行い，意見や提案を求め

る。②政府の社区における関連公共サービスの業務を請け負い，住民の利益と関係のある社区の生活保護，就職，年金，治安，法律サービス，人口と計画生育，障害者支援，救済などの業務を着実に行う。それと同時に社区の大衆組織の役割を十分発揮させる。③「社区サービスを強化，改善することに関する国務院の意見」に基づき，政府との協力のもと，社区の公共サービスを提供し，社区居民委員会との協力のもと，住民の自助，互助活動を組織し，社区のボランティア活動を組織，展開する。同時に関連社区住民の事務の処理を行う。④家庭訪問を行い，住民の意見や提案を随時収集し，住民の問い合わせ，来訪に応対する。記録を残し，担当を置き，期限内に回答を行い，求めには誠実に応える。

　この規定からもわかるように，従来の執行機関としての居民委員会の職責がそのまま受け継がれている。ただし，この公共事務服務センターは，従来の居民委員会と違って，民間非営利団体（「民弁非企業単位」）という法人格を獲得することになっている。この機構の導入の背景，狙いについて，長春市民政局副局長は次のように述べている[9]。政府依頼の行政事務が増え，社区スタッフも増加し，住民の欲求も多様化するなど，現体制では対応が困難な状況に至ったため導入することとなった。導入により，①社区業務の負担過重を解消し，②社区業務行政化の問題を解消し，③政府が実施する公共サービスの基盤整備により，社区内における諸公共サービスの体系化を図り，④公益職位人員を効率的に管理し，⑤居民委員会の従属的地位の改善を図ることができる[10]。従来の居民委員会は，自治意識が不足し，大きなことから小さなことまで，何でも街道に頼り，また街道に絶対に服従していた。そして住民の参与意識も弱く，居民委員会は住民の自治に関する意識やサービスのニーズを的確に把握する能力に欠けていた。また，政府の職能部門は，実績を狙って社区に大量に業務を委託し，自治業務展開の時間を奪ってきた。さらに，居民委員会は，法人格の地位を有せず，独立した民事責任を負えないという難問もあったので設立に至った。

　同副局長はさらに，センターに人事，財務権限を付与し，スタッフの業務

評定もセンターで行われるようにし，センターの口座開設後，社区建設の各種資金はそこで統一的に管理されるようにし，政府出向スタッフ，政府依託業務などについても，センターの意見を十分尊重するなど，センターの独立性を強化していくことを強調している。そして，最終的には，政府（街道）の指導と監督のもと，社区居民委員会がセンターを通して展開する自助，互助サービス，ボランティアによるサービス，政府による公共サービス，社区内のコンビニエンスサービスのネットワークを形成している企業・団体による商業サービスなどを有機的に連携させ，ともに社区サービスを進める多中心秩序社区体制を築くとしている。

しかし，筆者の調査時点では，居民委員会は，自治意識が不足し，大きなことから小さなことまで，何でも街道に頼り，また街道に絶対に服従している，という状況がそれほど改善されている印象は受けなかった。

これまでの考察からもわかるように，2000年以降の社区建設の推進によって地域の行政色が増したと言える。これについて向徳平[2006]は次のように分析している。まず，業務は，政府からのものが80％を占め，社区は基層行政の窓口と化している。それによって住民の帰属感も希薄化している。次に居民自治章程，居民公約，居民委員会工作職責などの規定はあるが，これらはたいてい上級民政部門や街道によって作成され，配布されたものであり，居民代表会議で討論を経たものは少ない。三番目に，選挙も，候補者資格は基本的に政府が決めるため，形式的なものとなっている。全市の範囲での公募（大学卒，一時帰休者が対象）もあるが，最終的に街道党工作委員会で決定されるので居民委員会幹部は実質街道の任用による。四番目に，予算の財源は政府補助金，社区サービス収入，社区自主調達，など三分されるが，大半が政府補助金であり，しかも街道の財政所に社区の口座を開設させ，街道が社区の経費を統一的に管理している。五番目に，監督も，形式上は居民民主評議と，街道および政府職能部門による評定とに分かれているが，社区の経費予算や人員配置と関連する後者が決定的に重要視され，住民大衆の評議は実質無力である。

このような行政化を自治への脅威として捉え，脱行政的自治を主張する研究者も現れている。例えば楊団[2002]は「社区の自治にとって大事なのは，自分たちで生産することにあるのではなく，むしろ集団的に公共サービスや公共財を選択し，それを享受する権利にある」[p.161][11]と述べ，自治組織としての居民委員会の意思決定機能を強調している。また，陳偉東[2004]は，社区自治の理念である「自己管理」，「自己教育」，「自己服務」，「自己監督」を実現するためには，居民委員会による行政的な管理ではなく，住民の自発的な互助ネットワークや，ボランティア団体などの参与が重要との認識を示している。市場的契約が重視される商品住宅団地のような社区を契約型社区とし，そこに「自治」像を求めようとする議論[王暁燕, 2001]もある。

一方，このような自治強調の議論に対し，その必要性を否定する議論もある。顧駿[2008]の有限社区論がそれである。氏によれば，街道単位の社区（上海など一部の大都市におけるケース）にしろ，居民委員会単位の社区（民政部提唱の基準に基づくケース）にしろ，自治の面では限界をもつ。その理由として，①社区は現代人の生活の一部と関係をもつにすぎないこと，②一部の人々（社会的弱者，退職者，主婦など）に特別な意味があること，③社区の資源は有限であること，④社区活動の参加動機も限定的であること，⑤政府の支援，コントロールにも限界があること，などが挙げられるとされ，したがって，完全な自治（独立）よりも，有限代表制，小さな行政制度，限定的参加などの形のほうが現実的であり，完全自治を目指す「業主委員会」[12]が政府の信頼を得られないでいることを考えても，居民委員会は二重性（政府と住民の架け橋）をもつことで政府の支持が得られるのであり，それによってはじめて社区内の弱者の支援ができるという見解が示されている。

以上の分析によって確認されるのは，社区建設の目標が行政のもとでの「自治」ということである。要するに，まったく自治を否定するような，官僚制への住民の組み込みではなく，政府の引力の保持される範囲における住民の自己組織化が目指されているように見える。その原因として，まず自己組織化（条件付きではあるが）による住民の積極性の調達が考えられる。しかし

現状では成功しているとは言い難い。例えば，閔学勤[2009]は2008年に南京市で行われた10の社区の調査に基づいて，社区では，居民委員会を中心とした社区活動に積極的に参加するのは18.5%で，積極的でない人は71.5%にのぼることを明らかにしている。前者を「社区内集団」，後者を「社区外集団」と位置づけ，後者は行政的な居民委員会文化に拒否反応を示していると指摘している。

次に，市場経済化により地域の組織化が急務となっていることが重要な原因として考えられよう。要するに自由化と階層化への対応である。計画経済期の中国では，様々な身分によって分割統治が行われていた。前でも若干触れたが，戸籍身分（戸籍制度による都市住民身分と農村住民身分），档案身分（档案制度による幹部身分と労働者身分），単位身分（機関単位身分，事業単位身分，国営単位身分，集体単位身分など），級別身分（官本位制度による単位級別身分〔中央級単位，省級単位，県級単位など〕と幹部級別身分〔特権的高級幹部身分など〕），政治身分（行政幹部身分と専業幹部身分）などの身分制度によって社会が管理されていた［李強，2008；李春玲，2008］。このような状況は，市場経済化により大きく様変わりし，社会的には相当自由になった。

一方，かつての単位が市場経済化により株式化を進展させたが，しかし依然として集団・国家が大株主となっており，誰の所有かが曖昧という所有の形式化が存在し，したがって権利義務が不明確であるという，改革開放前と本質的にそれほど変わらない状況が続いているという指摘［李漢林，2008］もあるが，しかし従来と決定的に異なるのは，従業員の単位への帰属が自由となったことであり，そして単位内部においても，社会全般と連動する形で，経済的格差が大きく開いたことである。これに関して，社会階層の定着化を主張する研究者［李強，2008］も現れている。それによれば，資産・私営企業の大規模化により，新規参入が困難になったこと，学歴も資産の影響を強く受けるようになり，下層集団の上層集団への移動率が下降してきたこと，そして，高級住宅区，高級店と庶民向けの理髪店や診療所のような二極化が象徴するように，階層ごとのライフスタイルが定着化する傾向にあること，さ

らに，富裕階層の交際グループ，高額会員制のクラブ・会館などができるなど，階層のアイデンティティが強化されつつあること，などは階層間の境界形成が始まっていることを物語っていると言える。

このような自由化と階層化という遠心力への対応として行政のもとでの「自治」が図られていると見るべきであろう。

5・2・3　社区運動と党の影響力の浸透

共産党員というと政府官僚などエリートをイメージしがちであるが，しかし8,500万人（2012年末）[13]にも達しているとなると，社会の底辺で生活している党員も大勢いるはずである。実際調査地のG社区には，困難を抱えている社区の党員が社区の「党員の家」に救助を求められるように専用電話を設置するなどして社会の底辺で生活している党員を支援していた。また，いわゆる「三信危機」（マルクス主義への信仰の危機，共産党への信頼の危機，社会主義実践に対する自信の危機）[14]が深刻な社会問題として指摘される中で共産党には腐敗官僚のイメージが重なりがちであるが，社区では大勢の共産党員が，普通の人があまりやりたがらないボランティア活動を行っていた。そして近所同士のトラブルの際，非党員の社区幹部が調停に入ってもなかなかうまくいかないが，ボランティアの党員が仲裁に入ると両方から信頼されてすぐ収まる，という話も聞かされた。ただ，これは個別の出来事なので，一般化することはできないが，とりわけ一般党員はわりと威信をもっているような印象を受ける。これには，一般党員の模範的行動が普段よくマスメディアに取り上げられ，宣伝されていることとも関係するように思われる。いずれにしても，基層社会の一般民衆の中で奉仕活動をしている一般党員のイメージは，共産党のもう一つの顔と言える。

社区建設に伴って，このような奉仕活動のような形式も含めて，党の影響力が急ピッチで社区に浸透しつつある。社区の主導権は，名実ともに党組織が握るに至っている。G社区では，「一つの核心，三層の自治体系」，すなわち社区党組織を指導核心とし，社区成員代表大会が意思決定を行い，社区居

民委員会が執行し，社区サービスセンターが効率よくサービスを行う，という体制をとっているが，これには形式的な部分も多いように思われる。しかし，党に限って言えば，確実に指導権を握っているような印象を受ける。党は前述のように，意思決定におけるリーダーシップを担っているだけでなく，党員の活動として社区への奉仕を行っているのである。社区では，党組織による民生サービスステーションが立ち上げられ，住民生活，特に生活保護家庭の子どもの支援活動を行い，それが『人民日報』にも掲載されている。具体例として，党員を中心としたボランティアたちが特別困窮家庭の子ども一人一人と個別的な支援関係を結び，物的援助だけでなく，勉学の指導や精神的サポートも行う「1対1の支援」活動が挙げられるが，このような活動を通して，子どもたちに党の配慮の暖かさを感じてもらうのだという。党の社区への浸透は，だいぶ前から始まっているが，特に2000年代に入ってから急速に進んだ。それは党中央，中央政府，地方党組織，地方政府からの通達を見ても明らかである。

今の社区の前身とも言える居民委員会に関する1989年の「居民委員会組織法」には党の直接指導（領導）が明記されず，次のように居民委員会の任務が規定されているのみであった。①憲法，法律，法規および国家の政策を宣伝し，住民の合法的権益を守り，住民が法に定められた義務を履行し，公共の財産を愛護するように教育を行い，多様な形式の社会主義精神文明建設活動を展開する。②住民の公共業務と公益事業を行う。③民間の紛争を調停する。④社会治安維持に協力する。⑤人民政府もしくはその派出機関に協力して住民利益に関する公共衛生，計画生育，功勲者優待および救済，青少年教育などの業務を行う。⑥人民政府もしくはその派出機関に住民の要望や提案を反映させる。

しかし社区建設をスタートさせた前述の2000年の文件（中弁発〔2000〕23号）には，社区居民委員会は党の直接指導（領導）のもとで活動を展開することが求められるようになる。そして，2004年の「中共中央組織部関於進一歩加強和改進街道社区党的建設工作的意見」[15]（街道社区における党の建設工作を

一層強化し，進展させることに関する中共中央組織部の意見）では，ますます多くの「単位人」が「社会人」に変わりつつある中で，党の街道，社区における指導力を強化しなければならない，という認識が示され，社区党組織の主な職責として，①党の路線政策を宣伝し執行すること，②社区建設における重要な問題に対して討論決定すること，③社区住民自治組織を直接指導すること，④社会矛盾を解消し，社会安定を維持させること，⑤党員と大衆を社区建設のために動員すること，⑥社区党組織の建設に努めること，などが挙げられている。さらに，16期党大会における和諧社会建設の精神に基づき，2005年7月，中国社会工作協会が和諧社区基準研究に着手し，最低要件として①服務，②文化，③社区安定，④住民自治，⑤党の指導などを確認している［王明美・程宇航, 2008］。

　これらの中央の方針は，長春市においても貫徹されることとなる。「中共長春市委，長春市人民政府関於建設和諧社区的若干意見」(2005年8月) (和諧社区建設に関する中共長春市委，長春市人民政府の若干の意見）では，和諧社区を建設することは，和諧社会を建設し，党の執政能力を高めるための基層工程であるとした上で，党組織が指導的核心の役割を果たす方策を積極的に模索し，閉鎖的な小区（商品住宅団地）における党組織建設を強化し，社区における党組織の全面的展開を実現する，と強調している。また，このような方針のもと，社区担当政府部門によって具体的な指導要領（指導標準）が作成された。「長春市和諧社区建設指導標準」(民政局, 2008年9月10日) (長春市和諧社区建設指導要領）では，社区の党務工作者の人数は十分確保されなければならず，社区党組織は和諧社区建設における指導的核心の役割を十分に突出させなければならない，とされている。そしてそれと同時に，党員の困難解決に努めなければならない，という内容も盛り込まれるようになった。さらに，社区党組織の活動場所の確保に関してまで，指示が出されるようになった。例えば「関於加強社区公共服務用房管理和使用的意見」(長春市民政局, 2008年9月10日) (「社区公共サービス用建築物の管理と使用を強化することに関する意見」）では，社区公共サービス用建築物を社区党建設の重要な陣地としなけれ

ばならない，と記されている。

　このような流れの中で，社区への党の展開は急速に進んだ。長春市では，すべての社区に党組織が設立されているが，全国的にも急速に設立が進んだ。2008年現在93％の社区において党組織が設立されており，社区居民委員会の党員主任の比率は89％に達しているとされている［王明美・程宇航，2008，p.47］。

　党の社区への急速な展開には様々な原因が考えられるが，ここでは主に2点取り上げておくことにする。まず1点目は私的財産権の確立に伴い，住宅所有者による権利保護運動がおこるようになり，政府だけでは対応が難しくなってきたことである。ここで私的財産権の確立と住宅所有者層（ただし，土地の所有権はもたない16)）すなわち「業主」17)集団の創出過程について若干振り返ってみよう。

　中国では，市場経済化に対応すべく，財産権の明確化の進展が図られてきた。1988年の憲法改正によって土地使用権の譲渡が可能となり，1990年の「都市国有土地払下げおよび譲渡に関する暫定条例」や1994年の「都市不動産管理法」によって土地使用権に関する基本法が確立することになった。そして，1994年の「都市住宅制度改革の深化に関する決定」（国務院）により単位は従来の住宅分配制度を改め，従業員に売却するようになり，1998年の「都市住宅制度改革の深化と住宅建設の加速に関する通達」（国務院）により住宅の商品化が促進されるようになった。これによって，住民は住宅の処分権も確保できるようになった。このような流れの中で，商品住宅団地からなる居住区，いわゆる「小区」が全国的に増加するようになった。これを受け2003年には「物業管理条例」が制定され，それに基づいて住宅所有者が「業主委員会」を組織することも可能となったが，同条例ではこの組織に対して法人格は与えていないため，民事訴訟の主体としては認められていない。また，2004年には憲法が改正され，公民の合法的私有財産は侵されないという文言が加わることとなった。そしてついに2007年には「物権法」が成立し，施行されることとなったのである。この「物権法」では私的財産が公的財産

と同等の保護を受けるという画期的な規定がなされており，住宅用地の使用期限の自動延長や，強制収用の制限などが定められている[18]。

一方，まさにこの過程において，「圏地」現象と相まって，多くの国有資産が不正に流出し，それが富裕層の形成に少なからぬ貢献をすることとなったことは指摘しておかなければならない。

このような過程を経て誕生した「建築物（基本的には住宅）の所有者」としての「業主」（『物業管理条例』〔2003年版および2007年版〕第6条）[19]は自身の財産権を守る過程で，不動産開発会社や管理会社，さらには社区居民委員会とも対立するケースが増え，政府には社会の不安定要素として認識されるに至った。筆者の調査した社区は，旧市街地型混住社区のこともあって，大きなトラブルが頻発することはないようだが，不動産管理会社との間で，暖房設備の改造をめぐり紛争が起き，住民たち400名が政府への集団陳情を行おうとした事件が起きたことはあった。社区幹部の説得で結局陳情には至らなかったが，新しい形の「維権」（権利保護）運動の重大性を社区に再認識させた事件だった。目下このような運動は全国的にも「小区」と呼ばれる商品住宅団地に多い。

長田洋司［2009］の北京社区調査によれば，商品住宅団地において，「業主委員会」やインターネットを媒介に，新しい社会的ネットワークが形成されており，「業主」たちは，インターネットで権利保護グループを結成し，意見交換しながら運動を展開している。このような運動は今後ますます拡大していくことが予想される。李強［2009］の北京崇文区の調査によると，住宅取得の経路は主に六分される。平均所得順に並べると，①分譲マンション，②勤務先から分配されていたものを購入，③立ち退きによって取得，④公的機関による安価な住宅，⑤昔からの自宅，⑥簡易住宅，となるが，今は②が7割を占めており，これからは①の増加が予想され，しかも若者のマイホーム購入欲求は強く，今後ますます①が増えていくものと予想される。これは全国的にも言えることで，今後商品住宅が増え，そして権利意識を強くもつ小区の「業主」が増えていくのは確実であろう。

政府は通達を出すなどして、このような事態を防ごうとしている。例えば「長春市人民政府関於加強和改善物業管理工作的意見」（長府発〔2008〕24号）（物業管理工作を強化し、改善することに関する長春市人民政府の意見）では次のような規定がなされている。①市、区、街道、社区居民委員会の「四級」からなる物業管理体制を築く。②居民委員会は物業管理担当を置き、街道の指導のもとで、「業主大会」と「業主委員会」の選挙を監督し、「業主委員会」と物業服務公司の矛盾を調停する。③「業主委員会」未成立のところでは、「業主大会」開催に協力する。④「業主委員会」があるところではそれに協力して物業公司のサービスに対する監督検査を行う。⑤物業管理がないところでは、「業主」を組織して自治管理を展開する。このように通達では、「業主委員会」の選挙に際しては、街道弁事処の指導のもとで居民委員会が監督を行うとなっているが、実際政府、居民委員会は「業主委員会」の成立に消極的だとされる。「業主委員会」の設立は、法的には可能だが（例えば、全国人民代表大会常務委員会法制工作委員会編集による『中華人民共和国物権法釈義』〔法律出版社、2007年〕には、「建築区の『業主』が多い場合、建築物もしくは建築区画ごとに『業主委員会』を設立することができる」〔p.175〕という解釈が見られる）、設立には政府の同意を必要としており、政府は様々な理由で簡単には許可を出さないとされる。成立しても、法人格が与えられていないため、法廷闘争では不利な状況になる。

　ここに政府の対応の限界が確認される。そこで要請されるのが、党の超越的な指導力であり、草の根への浸透力である。

　一方、「業主」層は政治的成長が大いに期待されている。李駿［2009］は「2005年中国綜合社会調査」（CGSS2005）の都市住民データに基づいて、旧住宅区より、新分譲マンション区域の住民のほうが、社区の活動（「業主」権利保護運動など）に積極的であり、また、社区内の政治に積極的な人は、社区内ほどではないが国家の政治（人民代表選挙）にも積極的姿勢が見られる、ということを明らかにしている。また、繆青［2007］が2004年北京市の六つの社区で行ったアンケート調査によれば、理想な社区の姿について、旧社区住民

が大家族のような社区を挙げているのに対し、新社区住民は制度化管理、法治、民主を挙げている。そして、中産階層の人々の社区活動は、主に「業主委員会」によるものである、という調査報告［于顕洋、2008］も見られる。さらに、業主が共同の経済的利益関心から、政治的行動者へと変貌し、中国の第一代公民となると思われるという主張［陳鵬、2009］や、「業主委員会」は中国において市民社会の基礎となるとする主張［夏建中、2003］も出ている。

　党の社区への急速な展開の原因として、次に考えられるのは、官民対立の増幅である。2003年に行われた全国範囲の調査では、官民格差をもっとも不公平と感じている（53.3％）ということが明らかになった［李萍、2005］。また、別の調査によれば、もっとも容易に高収入を得られる職種・地位として官僚が選ばれており、下層の人々の生活状況を改善するために何をすればいいかという質問には、管理者の権力を制約し監督することをもっとも多くの人たちが挙げている［翁定軍・何麗、2007］。筆者の調査対象社区でのアンケート調査でも、同じような結果が出ている（「もっとも不公平なことはなんだと思いますか」という設問に対する回答結果は次の通りである。「官民格差」〔42％〕と「就職機会」〔42％〕がもっとも高く、その後に「所得格差」〔36％〕、「住宅政策」〔32.62％〕、「医療保障」〔19％〕、「教育機会」〔15.67％〕、「年齢差別」〔15％〕、「男女差別」〔11.33％〕、「都市農村格差」〔4.33％〕、と続く。ここから官民格差に対する不公平感が窺える）。

　この対立は、これまでも見てきたように、法規はあるが、その通りに実行することは難しい（例えば私的財産権問題）という立場上の問題や、上のアンケートでも示唆されているように、法外な収入の可能性があるという問題などからくると思われる。

　党の社区への急速な展開の原因としていま一つ挙げられるのは、一番目の原因とも関係するが、急速に成長する社会団体への対応の必要性のように思われる。社区内の民間組織には、外部化のものと内部住民によるものとがあるが、その勢力への対応として、外圧的な社区民間組織服務中心という管理監督機関が設立され、さらに内部への浸透として、党の建設が強調されるようになったと見ることができよう。

これとも関連するが，社会全般において党の私営企業への浸透も急速に進展している。非公有制企業における党組織の設立，企業主の入党許可，などの形で展開されている。2007年6月の時点で，全国の非公有制企業10社に1社は党組織が設立されており，向後5年間に60％に達するように努めると当時の中央組織部副部長が述べている[20]。

このように，社区における「業主」の私的財産権を盾とした権利保護運動をはじめ，様々な要因により，党の社区への浸透は今後も続くと予想される。

5・2・4　常識理性と「第三の手」

これまで「社区服務」（社区サービス），「社区建設」，「社区運動」という三つの視点から社区について考察を行った。これらは，突出した時期に着目すれば時系列的に並べることができる。1980年代から90年代中盤にかけて市場化，民営化に伴い従来の「単位制」が解体に向かう中，多くの人が一時帰休者となって居住地域に生活拠点を置くこととなり，社会的不安が増幅した。そのような状況の中で「社区服務」という掛け声のもと，街道や居民委員会のレベルで主に一時帰休者や失業者，生活困窮者を対象に「社区服務」を展開することとなった。当時は社会全体において独立採算制が大きな方向となっており，街道－居民委員会は自ら産業活動を行い，それを原資に「社区服務」を行うという傾向が強かった。しかし，90年代後半，特に2000年代に入ると，街道－居民委員会の産業活動は禁止され，国家財政が「社区服務」に投入されるようになり，それと同時に，行政業務や，住民生活全般へのサービスを特徴とする「社区建設」が強調されるようになる。そして特に2000年代の中盤あたりから私的財産権保護に関する法律が整備されるにつれて，商品住宅区域の「業主」を中心に，「維権」（権利保護）運動が活発化してきた。それと時期を同じくする形で，党の社区への浸透が加速化するようになったのである。

大きな流れはこのように素描することができる。しかし「社区服務」段階，「社区建設」段階，「社区運動」段階というように，はっきりと分けられ

るものではなく，今のところ同時並行的に進行していると見るべきである。「社区服務」は，これまでの展開，とりわけ「社区建設」が強調される前までの展開を見る限り，行政原理，すなわち再分配原理とは趣旨を異にし，地域住民の互助，ないし地域住民の力による自助を目標としているように思われる。一方，「社区建設」は，社区を自治組織として建設するということになっているが，実質的には地域の国家行政化が進んでいる。しかし，「社区服務」的な自助，互助が欠けていれば，自治は形だけのものになってしまうのは，今さら言うまでもない。実際，これまで見てきたように，政府主導の「社区建設」への住民の積極的な参加はあまり見られない。社区はここに大きなジレンマを抱えていると言えよう。

このようなジレンマをよそに，近年社区では従来とはまったく違う新しい状況が出現している。「社区運動」である。商品住宅団地が増えるにつれて，「業主」たちが自発的に組織をつくり，不動産開発・管理会社や，行政に対して自らの財産権を守るいわゆる「維権」運動が目立ってきた。これは下からの自治を目指す運動として受け止められよう。法制度を基準にすれば，この自治は基本的に可能である。しかし，この自治が社区，もしくは社区内の小区で成立すれば，上からの「社区自治」に対する脅威とならざるを得ない。したがって，その完全自治を防ぐため，様々な障害が政府によって設けられているのである。ただ，法制度を基準にする限り，政府による阻止は成功しない。そこで，強化されつつあるのが党の影響力の浸透（党員の模範的奉仕活動とリーダーシップ，各種組織への浸透，党の超越的地位など）による超制度的支配メカニズムである。

李培林［2005］は，家族，企業および社会の潜在的ネットワークにおける倫理規範，ルールが資源配分に大きく影響し，社会変動における「第三の手」，すなわち「もう一つの見えざる手」となっていると指摘している。言うまでもなく，ここにおける「第三の手」は，政府の行為という「見える手」と，市場メカニズムという「見えざる手」に対する概念である。これまでの考察で明らかなように，現代中国においては政府行為という「見える手」が

重要な意味をもっているかに見える。しかし同時に，党の影響力という「不透明な手」の存在も大きいことに気付く。一党独裁という先入観からすれば，党と政府は一体であり，分けて考えることは意味をなさない。しかし，具体的な行動レベルで見ると，政府行為は近代性を標榜する様々な制度，法規からなるのに対して，党の行為は，必ずしも形式合理的なものではない。むしろ状況依存的行為とすら言える。このような視点は，社区を分析する上で，ひいては中国社会全般を分析する上で，重要な意味をもつように思われる。この問題を考える上で，前述の「第三の手」は重要な手掛かりとなる。

　まず，社区の社会変動における「第三の手」は何かについて考えてみよう。政府行為の「見える手」としては，行政に従属的な居民委員会が挙げられる。市場メカニズムの「見えざる手」としては，商品住宅団地の「業主」や，社区における様々な業者の行動原理が挙げられる。「第三の手」については，消去法からすると，非政府的かつ非市場的な行動原理に則って行動する主体として，社区内の互助組織，ボランティア団体などが挙げられるが，これらはどちらかいうと「見える手」である。実は，非政府的かつ非市場的行動原理の「第三の手」として，前述の李培林［2005］の言う潜在的倫理規範，ルールがもっと重要な意味をもつように思われる。この倫理規範・ルールがどんな性格のものなのかについて彼は詳しい分析を行っていないが，金観濤・劉青峰［2002］らの常識理性論は重要な示唆を与えてくれる。

　「超安定システム」論の展開で有名な金観濤・劉青峰［2002］らによれば，中国文化には，ratio（目的志向，計算指向）と違う理性，すなわち常識と，人情の常に基づく理性が認められるという。疑いようのない常識と自然な感情が道徳と社会制度の正当化の根拠となるといい，それを「常識理性構造」と呼んでいる[21]。金観濤（きんかんとう）・劉青峰（りゅうせいほう）［2002］らはさらに五・四運動期における道理の実態が，「天理」概念から「公理」概念へいったん変化したが，結局「真理」という「天理」的概念に回帰したことについての分析を通して，この「真理」が中国現代常識理性の形成を意味すると指摘し，このような，科学を含む現代常識の上に成立する一元論的[22]現代常識理性は，伝統と通底する

と述べている。このような指摘は現代中国における行動文化の研究［翟学偉，2004；李明伍，1997b］によっても支持されている。第3章での分析からもわかるように現代中国社会において「人情」が重視されるのも，これと無関係ではない。筆者の社区アンケート調査における「『関係』が役立つのはどの分野だと思いますか」（ここにおける「関係」は「人情」と近いものである）という設問に対する回答結果からも様々な分野において「関係＝人情」が重要な役割を果たしていることがわかる（もっとも重視されるのは「就職活動」〔51％〕で，以下「昇進」〔44.67％〕，「診療・入院」〔35.33％〕，「有名中進学」〔31.33％〕，「住宅購入」〔19.67％〕，「銀行融資」〔19％〕，「判決」〔17.67％〕，「物を安く買う」〔15.33％〕，「確実な情報を入手」〔14.67％〕，「起業」〔12％〕，「取引」〔10％〕，と続く）。

　常識は時と場所によって変化するものであり，したがって制度化にはなじまない。この現実志向性が「第三の手」としての潜在的倫理規範，ルールを支えているように思われる。一般の人々の行動を規制する「人情」はもちろんのこと，前述の共産党の「不透明な」影響力も，この常識理性によって支えられていると見ることもできよう。社区考察から浮かび上がるのは，党の二つの顔である。一つは体制・政府としての顔であり，いま一つは庶民の代弁者・庶民への奉仕者としての顔である。したがって，経済エリートを取り締まるだけでなく，部外者として官僚エリートを取り締まる存在としても意識される。このこととも相まって，常識理性に沿う形での，党の影響力がある程度受け入れられているのである。

　前でも触れたように，私的財産権の確立によって「業主」たちが自治を確立し，中国の第一世代の市民社会的市民になるだろうという観測もあるが，しかし，上で見たような，共産党の超制度的影響力が常識理性に基づき，「第三の手」的役割を果たしていることを考えれば，そう簡単に現状が変わるとは思えない。

　これまでの考察からもわかるように，伝統的な「公」の文化の構造に似たような構図が今日の組織社会の編成においても確認されるのである。超越的

な権力による柔軟な平準化施策（「公」）と，それによって形成される共同の空間（「公」），さらにこのような共同の空間の守護者として認識される超越的な権力（「公」），というようなサイクルが確認されるが，今日におけるその循環は，平準化の意味の多様化（対応する欲求の多様化）とその意義の変化（重要性の変化）といった可能性の増幅を考えた場合，伝統的な「公」の文化にはない課題が予想される。これについては次章以降で考察を加えることとする。

1) 溝口のその後の議論の展開［溝口，1996；2001］では公が3種類に明確に分けられており，筆者の3構成要素と基本的に一致するように思われる。
2) 近年の関連法規としては，「中華人民共和国地方各級人民代表大会和地方各級人民政府組織法」（2004年第10期全国人民代表大会常務委員会代12回会議で修正）があるが，その第68条には，区，区を設けない市は，上級機関の同意を経て街道弁事処を設立することができるとある。
3) 2009年8月現在のX街道弁事処の組織構成は次のようになっている：①党政綜合弁公室（党務，精神文明建設，労働組合，青年団，婦人聯合会等の群集団体，民衆来訪（陳情者）接待，人民武装，紀律検査，監察，人事管理，人民代表大会・政治協商会議・統一戦線関連，社会治安綜合施策，機関内部事務管理，等を担当），②社会事務管理係（社会行政事務，民政事務，法律普及教育，司法監察，労働就業，および関連指導委員会業務，等を担当），③財政経済指導係（予算編成，年度経済計画，科学技術関連計画，経済指標統計，機関財務管理，都市建設財務管理および各種管理費の徴収，会計審査，財政税務監察管理，経済発展および経済発展環境建設指導，安全生産指導，等を担当），④文化教育衛生係（計画生育係）（大衆的文化，スポーツ，科学普及活動の展開，青少年教育，初級衛生保健，人口計画管理，計画生育，等を担当），⑤都市管理係（社区建設，環境衛生，都市緑化美化，道路環境維持，道路占拠費および衛生費の徴収活用，市場管理，土地管理，環境保護監察，車両管理と指導，小区内の物業管理への協力・調整，等を担当），⑥労働保障事務所（人的資源，就職再就職〔一時帰休者に対する職業訓練〕，医療保険，失業証明書発行，等を担当）。同街道弁事処HP（2009年8月31日）による。
4) 政府機関，教育研究機関などの事業単位，企業などを「単位」と呼ぶのは，改革解放前の「単位社会」時代の名残であるが，いまでも政府の公式文書でも使用されており，社会一般でも使われている。
5) 計画生育のことであるが，これはサービスというより，管理という表現がふさわしいと思われる。
6) 鄭秀梅「長春市社区体制創新研究報告―以社区公共事務服務中心為例」（中国政府民政部基層政権和社区建設司のHP〔2008年10月13日〕）参照。

7) 注6参照。
8) 「瀋陽モデル」については黒田由彦［2009a］,「深圳モデル」については王穎［2008］を参照。
9) 注6参照。
10) 具体的には，居民委員会をセンターの上に置いたこと，また，センターを法人として登記することにより独立の口座を開設し，独立の採算が可能になる，などを理由として挙げている。ただ，予算を街道に頼らざるを得ないという事情があるので，効果はあまり期待できないようである。
11) 訳文は李妍焱［2006］による。
12) 2003年6月8日中華人民共和国国務院令（第379号）として公布され，同年9月1日より施行された『物業管理条例』，およびその修正版（2007年10月1日より施行）では，「業主」（yezhu）とは建築物（「房屋」）の所有者のことであり（第6条），「業主大会」の決定事項を執行する「業主委員会」の委員が「業主」によって選ばれる（第6条の5，および第15条）とされている。
13) 「中国共産党の党員数は8,512万7,000人に」（『人民網日本語版』2013年7月1日）〈http://j.people.com.cn/94474/8305416.html〉
14) 程広雲「走出精神危機」（『人文雑誌』編集部『人文雑誌』1999年6期），蕭冬連（華東師範大学研究員）「三次危機与中国改革起源」（新浪網「新浪専欄・新史記」〔2013年11月12日〕），李興国（国家行政学院教授）「中国有『三信危機』？専家称若不重視，後果堪憂」（中国新聞網〔2012年2月26日〕）参照。
15) 『人民日報』（2004年11月22日）参照。
16) 中国では土地の私有は依然として認められておらず，したがって，住宅所有の場合でも，その所有には「不完全さ」が残ると言える。ただし，建築物についてはその所有者による市場を通しての処分が可能となっており，「業主」（yezhu）とはまさにこのような処分権を有するという意味での住宅所有者のことである（もちろん住居用以外の建築物の所有者も「業主」と称される）。
17) 「業主」（yezhu）は，一般的に財産や企業の所有者を意味し，『中日大辞典』（愛知大学中日大辞典編纂処編，大修館書店）にも，「営業主」や「不動産の所有主」を意味するとなっているが，近年「物業」（不動産）の所有者，とりわけ住宅所有者（ただし土地所有権はもたない）を意味することが多くなり，法規（『物業管理条例』等）でもそのような意味で使われるようになった（注12, 15参照）。本稿もこのような用法に従う。
18) 財産権制度化に関しては，徐春陽［2009］を参考にした。
19) 注12, 15, 17参照。
20) 『人民日報』（2008年1月11日）参照。
21) 彼らは常識理性の由来を主に宋明理学に求めている。彼らの研究によれば，理学における理は常識合理の意義をもち，またその常識理性が政治制度，道徳倫理の究極根拠となる。したがって，宋明理学の成熟は，中国文化の理性化の実現を象徴するとされている。

22) 彼らによれば,西洋では,究極関心(宗教,神)と理性が分裂状態にあり,理性は社会制度,そして究極関心は道徳(伝統)の根幹をなしているが,このような西洋の二元分裂構造と違い,中国社会文化の究極関心は道徳であり,常識理性は道徳の基礎をなすなど,両者は緊密な整合性をもつ一元構造である。

第3部 「顔」と社会価値

　世俗化の進んだ中国社会では，社会通念としての自己（実現）の価値，究極の社会価値は他者の視線による「顔」として現れる傾向をつよく有するが，その内実はどのようなものなのだろうか。

第6章　自己実現と「名」

6・1　「顔」の分化と「名」

　社会の諸文化現象の中で，生の意義に関する態度や人生の目的意識，すなわち広い意味での人生観はもっとも重要な部分の一つと言える。これはアイデンティティ，自我像の問題でもある。そして，「顔」は自我の象徴であり，また「顔」と自我を構成する「名」は不可分と言える。したがって，「顔」の研究は「名」の研究，自我理想像の研究に通じ，自我理想像の究明は生活指針，人生観の究明へとつながる。

　これまでの「顔」の研究ではアイデンティティの問題，コミュニケーションスキルの問題，そして社会編成のあり方（個別主義的編成）の問題などが主題となってきた。これらの主題の中で，アイデンティティの問題，すなわち自我像の問題が基本的なものとして位置づけられる。今さら言うまでもなく，社会分析において個々人が自らをどのように認識し，そしてどのような自我の理想像を目指しているかということを明らかにすることは基本的な作業であり，これまでも意識調査を中心に，様々なアプローチがなされてきた。普遍性指向の一般意識調査の場合，往々にして既存の一般理論に基づく研究者の主観的な基準が先行して措定されるため，当該社会の文化的特性が見落とされる傾向も見られる。それに対して，「顔」という現象はとりわけ中国社会の生活世界において人々の自我像と深く関係しており，したがってその構造を明らかにすれば，生活文化における自我像の全体像が捉えられる，という認識が「顔」研究の原動力となってきたと言える。

中国社会において「顔」を表す言葉は類型的に「面子」と「臉(れん)」とからなる。両者は場合によって通用することもあるが、基本的には異質なものであるという認識が一般的である［胡先縉，2004＝1944；翟学偉，1995；李明伍，1998］。ただ両者の違いについては見解が分かれる。

そもそも「顔」の学術的研究は1940年代に遡る。アメリカに留学した胡先縉［2004＝1944］の研究を「顔」に対する学術的研究の嚆矢とすることは、斯界の共通認識となっている。氏の主な貢献は、中国の「顔」は社会的成功による名声と道徳性による尊敬とを意味し、それらは具体的にそれぞれ「面子」と「臉」に対応していると指摘したことである。いわゆる「能力―道徳」説である。氏の所説は古典的なものとなっているので、次に氏の見解を端的に示す部分を引用しておこう。

「面子」とは「中国で広く重視されている名声、栄誉を表すもので、それは人生において一歩一歩社会的地位を駆け上がる中で、成功と衒耀によって獲得される名声であり、個人の努力もしくは誠心誠意の経営によって得られる栄誉でもある。このような評価を得るためには、どんな場合でも外部の環境に配慮しなければならない。もう一つは『臉』という概念であるが、これについてはアメリカ人も少しは知っているようだが、本当の意味を理解してはいない。これは道徳性の良好な人に対する集団からの尊敬である。このような人はいかなる困難に遭遇しても義務を果たし、どのような場合でも自分が正直であることを証明する。それは自分の道徳性に対する社会からの完全なる信頼であり、それを失えばその人は社会の中で正常に活動することができない。『臉』は道徳遵守に関する社会的拘束力であると同時に、内面化された自己抑止力でもある」［胡先縉，2004＝1944，pp.40-41］。

要するに中国社会の「顔」には、能力的な人格と道徳的な人格とがあるという主張であるが、この観点はその後研究者によって、「面子」にも道徳性が含まれており［Ho, 1974］、しかもそれは「臉」とは違う種類の道徳である［李明伍，1998］という指摘を受けるなど、多少修正されながらも、今日においても強く支持されている。例えば金耀基ら［King, Y.C. & Myers, J.T., 1977］

は,「面子」を社会的成功による地位, 権力, 威信とし,「臉」を個性および規範遵守によって獲得されるイメージとしており, 胡先縉［2004＝1944］を基本的に踏襲している。ただし金耀基［1988b］では胡先縉の議論を若干修正する形で, 広東語, 客家語では胡先縉［2004＝1944］のいうような「臉」と「面子」がともに「面」という言葉で表現されていることを指摘した上で, この「面」には, 社会性的面と道徳性的面とが含まれると指摘しているが, 基本的には胡先縉［2004＝1944］の枠組みを出ていないと言えよう。

　黄光国［1988］も,「面子」とは個人が社会において何かを成し遂げることによって獲得した社会地位（social position）, もしくは威信・信望（prestige）と定義しているが, これも胡先縉［2004＝1944］の枠組みを出ていないと言えよう。金耀基も, そして黄光国も上の定義に限定して言えば[1], 胡先縉と同じように, 地位, 信望が誰の目を通して確認されたかについて, 所属集団, 社会としか言及していないので, 集団・社会における地位がそのまま「臉面」に結び付くような説明の仕方にもなっているが, しかし当然ながら地位一般と「臉面」とは同一のものではない。

　一方, 所属社会から承認されるべき人格として呈示されるものが「臉」で, 他者によって評価されて形成されるイメージとして提示されるのが「面子」であるとする議論［翟学偉, 1995；2000］も注目されている。この議論では「面子」の特徴として, 形式主義, 自我との乖離, 演技的・仮面的性格などが挙げられ, 形成資源としては, 家門, 身分, 地位, 有名性, 職務, 権力, 金銭, 老練さ, 関係網等が挙げられているが,「臉面」のもう一方の「臉」についてはその特徴として道徳性が強調され, その形成資源として, 気質, 性格, 能力, 知識, 道徳, 風貌, 装束, 言葉遣い等が挙げられている。この議論ではこのような立場からさらに「臉面」との関連で人間を①「臉あり」かつ「面子あり」の「正人君子」, ②「臉なし」かつ「面子なし」の「厚顔無恥」の人, ③「臉なし」で「面子あり」の「偽君子」, ④「臉あり」で「面子なし」の几帳面な人, というように4分類している。

　筆者はこれらの議論を踏まえた上で, 不特定の他者の意識に形成されてい

るであろう自我の肯定的な人格を「臉」として，そして特定の他者のそれを「面子」として定義したことがある［李，1998］が，この分け方の妥当性を端的に示すのが，「人間として」，あるいは「女性として」，「男性として」正しいこと，もしくは望ましい行いから逸脱しているかどうかという社会道徳ないし社会常識と「臉」とが親和性を強く有するのに対し，特定の関係にある他者に認知された能力と「面子」とが親和性をもつという現実である。例えば中国社会で広く使用されている慣用表現「『面子』にはこだわるが『臉』は顧みない」（「要面子不要臉」）はまさにこのような事態を表している[2]。

　このような「顔」の分化は中国社会特有の現象ではないが，「『面子』にはこだわるが『臉』は顧みない」ことが社会問題として指摘されている［何崇思，2003，p.81］ことからもわかるように，中国社会では両者の分離の度合いが比較的高いのであり，しかも現実において「面子」がより重視されているのである。

　なお，このことは中国社会の恥の文化に対応する。中国社会において「面子」が重視されるのは欧米社会が罪の文化であるのに対し中国は恥の文化［朱嶺楼，1992］であるからとする主張も少なくないが，しかし一方では公衆の前で平然と迷惑行為をするいわゆる「恥知らず」の現象が社会問題として昔から指摘されてきたという現実があり，恥そのものの複雑性が窺える。筆者はかつて恥の二大前提（視線と否定的評価）に基づき恥を「準拠集団」（共同的他者）から人間性を否定的に捉えられていると感じているときに覚える「愧」，同様の他者から「劣っている」と捉えられていると感じたときに覚える「羞」，「所属集団」（互恵的他者）から「劣っている」と捉えられていると感じたときに覚える「辱」という3種類に分け，中国社会では「辱」をベースとした恥の意識が顕著であると指摘した［李，1998］が，これはこれまでの分析からも分かるように，「顔」との関連でも支持される。

　要するに，「面子」ともっとも対応するのは「辱」であり，そして「臉」のそれは「愧」と言えよう。ここからわかるように，自我の個性的存在としての「名」の意識は「面子」では強く，そして「臉」では弱い。したがって実

際には「面子」と「名」とが緊密に結び付いていると言える。

6・2 伸縮する「名」と自己実現

　このような「面子」は言うまでもなく自己（理想像）の他我への提示と他我による是認によって形づくられる（ちなみに「臉」は究極的には自己の自我への提示と表現できよう）。そして提示・是認された自己は名を形成する。経験的表現を借りればこの名は，名誉，名声，尊厳等に分類されよう。もっとも本書ではこの経験的表現を次のような理念型的認識に基づくものとして捉える。
　(1)名誉：特定集団への貢献によって与えられる制度的地位。特定集団への貢献が前提であるがために閉鎖的であり，また制度的地位であるがために限定的独立性の保証が認められる。
　(2)名声：社会一般に対する影響力によって周囲・世間に形成される心理的地位。社会一般に対する影響が前提であるがために能力の寄与度が高く，したがって伸縮性が顕著であると言える。
　(3)尊厳：人間として最低限守られるべき存在形式。ここにおける「人間」には人間一般という抽象度の高い存在から具体的な役割一般（「父親」一般等）までが含まれるが，人間同士の対等性が重要な前提となる。
　ここからもわかるように，「顔」，「名」，そしてアイデンティティは基本的に同質のことであり，したがって「顔」の分析により「名」の種類，アイデンティティの基盤，ひいては生活態度，人生観などをある程度明らかにすることができる。
　改革開放以来，中国では社会主義体制の形骸化が進み，共産主義理念への信仰も薄れるなど，人々の信念体系が空洞化の様相を見せる中，新しい信念体系の構築に向けて儒教などの国学が重視されるようになってきたという指摘がある［園田茂人，2008b］。しかし，これまでの歴史が物語るように，儒教が国教のときも，それは建前的な部分が大きかったのであり，そして社会主義計画経済期においても，共産主義理念が安定的に一般の人々の信仰体系と

なっていたとは言い難い状況だった。したがって，中国社会の人々の生活指針，人生観を考察する際，共産主義理念や，儒教の教理と強く結び付けることは避けなければならない。一方，価値観調査の定番は質問紙による意識調査であるが，これも建前と本音の問題を完全にクリアすることはできないなどの限界がある。したがって，このような不足を補う上で，言説の分析が有効のように思われる。

　ここであらためてアイデンティティ，理想的人格像への「顔」論的アプローチについて見てみよう。前でも触れた，胡先縉［2004＝1944］，金耀基［1988b］，黄光国［1988］などに見られる能力的人格と道徳的人格とが理想的人格と言えるが，それについては具体的に分析する必要がある。朱瑞玲（ずいれい）［1991］は台湾で201名の一般人に対する面接聞き取り調査を通して主に次のような場合に「臉面」（「顔」）が傷付く（「丟臉」あるいは「没面子」）ことを確認している。①能力の欠如による様々な失敗，妻に扶養される，妻の尻に敷かれている，自分の意見をもたない，子どもを出世させてあげられない，など能力の面で劣っていること，②人の前で転ぶ，夫婦喧嘩を人に見られる，というような，不注意による行動の失敗，③窃盗，カンニング，賭博などのような違法行為，④嘘をつく，ゴミを勝手に捨てる，妻等弱者に暴力をふるう，などのような品行の悪さ［朱瑞玲，1991，pp.181-184］。佐斌（さひん）［1997］も，中国大陸の武漢で192名の一般市民と，120名の大学生に対して「面子」意識に関する調査を行い，「臉面」を失う場合として，道徳に反する行為（法律含む），能力欠落（失敗や他者との能力の差など），好ましくない慣習的行為（品のない言葉遣い，公共衛生を守らない行為など），プライバシーが公に曝される，などを確認している。この結果は朱瑞玲［1991］と基本的に同じである。これらのデータは中国社会における理想的人格を照射するものとして受け止められよう。

　ただ，このような理想的人格は，一般的には程度の違いはあるにせよ中国社会に限ったものではない。したがって「臉面」の内容としてこのような理想的人格を一般論的に指摘するよりもコンテクストの中で定義することが望

ましいように思われる。

　この問題を考える上で、バーガーら［1977］の名誉概念の衰退に関する考察は重要な意味をもつ。バーガーらによれば、中世の騎士道精神の影響を強く受けている西欧の名誉概念は、貴族、軍人、法律家、医師などの集団においては身分の表現であり、そこでは、制度化された役割がアイデンティティを構成していたが、近代化によってこのような名誉が衰退し、その残骸の中から（抽象的な）尊厳と人権を発見するに至る。しかしそれにより人々は、リースマンの言うような他者志向型人間となり、またゴッフマンの言うような印象操作を通して、自分の存在の意味を自分でつかみ取らなければならない孤独な状況に置かれることとなり、構造的にアイデンティティの危機を抱え込むこととなった。

　ここで特に注目されるのは、アイデンティティとしての名誉と尊厳の社会的背景であり、そして尊厳が安定したアイデンティティを提供できないとすれば、人々は何によってアイデンティティを確保することとなるのか、という点である。バーガーらは自己疎外でない制度としての名誉への回復を期待しているが、その具体像は必ずしも明らかでない。前で述べた定義を敷衍すれば、ここにおける名誉は、特定の集団・社会において尊敬を獲得できる地位（役割）に伴う誉れ、誇りであり、尊厳は万人に平等に与えられた地位のもつ不可侵性（の意識）として理解することもできよう。このような尊厳が安定したアイデンティティをもたらすこともあり得るが、多くの場合は、それを起点としてさらなる自分探しをすることも考えられる。バーガーらの議論の背景には、このような認識があるように思われる。

　それでは、アイデンティティの源として、閉鎖的な社会による名誉でもなく、また抽象的な尊厳でもないものがあるとすれば、それは何か。さしあたり考えられるのは前でも述べた名声[3]である。名声とは相対的に開かれた社会において獲得された評判のことであるが、その特徴としては、フォーマルで固定的な地位に伴うものではないので伸縮性があること、そして、その指標としては、権力的地位、富の所有、才能、人間性など様々なものがあると

いうことが挙げられよう。名誉，尊厳，名声のどれが主にアイデンティティと結び付いているか。この問題は，社会の構造と変動を考察する上で重要な指標となる。

これに関しては，まず林南の「名声」(reputation)，そして翟学偉の「個人地位」(personal status)の概念との比較を通して概念の明確化を試みることとする。

林南［リン，2008］は，人間が求める根本的利得（いわゆる「見返り」）には経済的なもの（経済的見返り）と社会的なもの（社会的見返り）とがあるとし，その社会的な利得，すなわち「関係的利得」として社会的地位と名声(reputation)とを挙げている。ここにおける名声は，これだけを見ると名誉とも捉えられるが，ただ彼がそれを採用した理由について，「この〔名声―引用者〕資産の特徴をカバーしている概念は，他に二つある。威信と敬意である。しかし，威信は既存研究ではヒエラルキー構造における地位を格付けるものとして使用され，……敬意は社会的プロセスとしてではなく，心理的プロセスとしても広く利用されている」［リン，2008，p.201］と述べていることや，名声が取引に有利に作用することを指摘することなどをみると，本書でいう名誉よりも名声に近い概念として使われているように思われる。

一方，翟学偉［2000］は，社会には客観的な社会地位等級と，主観的な個人地位（personal status）等級という2種類の地位が存在するとし，権力と富は社会地位を測る重要な指標であり，名誉と情感は個人地位の重要指標であるとしているが，その際個人地位とは，心理空間における他者の地位のことを指すという。そして，個人地位は社会地位より社会資源獲得に有利なため人々に重視され，利用されていると指摘する。ここにおける個人地位は，名誉という表現がなされているが，内容から見ると本稿でいう名声と言える。

要するに多くの中国研究者において名声と名誉をあまり区別せずに使う傾向がある。しかしこれまでの考察からわかるように，中国社会では，基本的に組織的な空間よりも，「関係」ネットワーク的な空間が人々の主な生活の場である。その点から考えると，中国社会において，閉鎖的な集団・社会が

第6章　自己実現と「名」　133

前提となる名誉にアイデンティティを求める傾向は強くないはずである。また、基本的に西欧的な個人主義の文化、制度が前提となる尊厳も、中国社会におけるアイデンティティと結び付きにくいと言えよう。そうなると、名声と中国社会におけるアイデンティティとの結び付きがもっとも自然に思われる。これに関しては何友暉［Ho, 1976］の次のような指摘が参考になる。彼によれば、「面子」は個人の社会システムにおける位置としての地位（status）ではない。それは面子の大小に関わる要因ではあるが、「面子」は直接には地位に付着せず、その地位にある個人に付着する。また、個人に内在する尊厳（dignity）とも、そして集団から与えられる栄誉（honor）とも一致しない。要するに、彼は消去法により「面子」の概念を規定しようとしているが、そこで強調されているのは、その個人に「面子」が付着するという点である。これに関しては、すでにだいぶ前、林語堂［1992, p.176］が中国の「面子」（face）と西欧の名誉（honor）の違いについて例を挙げて説明している[4]。実際伝統的中国社会については、ウェーバー［1971］がすでに家産官僚制の定着によって中国の臣下から西欧や日本におけるような名誉が失われたと指摘している。ウェーバーは名誉と忠誠の結合に注目しており、このような結合は西欧の封建制と日本の「家臣」封建制にしか認められないと指摘するのである。この点については、池上英子［2000］が詳しく論証を行っている。

　池上［2000］によれば、集団が前提となる武士の名誉に内在する個人主義（「名誉的個人主義」）は中世において武士が自らの肉体・命を支配し、自らの行動に責任を負うといった思考様式（所有の感覚）に見出されるとする。その端的な例として所有表明の象徴としての死の瞬間のコントロール儀式（切腹）を挙げ、サムライ名誉文化が、鎌倉、戦国、徳川へと時代が推移するにつれて（とりわけ徳川時代において）、武力よりも道徳的修養との結び付きが強くなり、より集団への忠誠と関連づけられ、能力よりも身分と直結する傾向が強くなった中でも、意識の面での「一分」、そして制度面での「扇腹」などが示すように、自律の基本要素は存続し、それが明治以降の競争と協調の文化的融合につながったとする。

筆者はかつてウェーバーの上記指摘について,「ウェーバーのいう名誉は,相対化を許さない絶対的な価値の付随する社会的地位(たとえば戦士としての騎士)の誉れ,ないしそれに対する誇りといえるが,それが可能となるためには,なんらかの次元における当該成員の絶対性が社会的に認められていなければならない。というのもそれによってはじめて,当該成員はその絶対性の存する次元において自らの重みを感じる(すなわち誇りをもつ)ことができるからである。……君主の臣下に対する全人格的,すなわち諸次元における支配が原理的に可能な家産官僚制においてはこのような名誉が育まれないことは当然と言えよう。名誉のような絶対性をもつ名が存在しづらい環境は,裏を返せば名声(fame)のような相対性をもつ名が育まれやすい環境でもあると言える」[李明伍,1998, p.112]と解釈を行ったことがあるが[5],伝統中国では,封建制が早い時期に衰退するとともに,名誉も衰退し,その代わりに名声が発達したと言える。これまでの面子などの言説の分析[胡先縉,2004＝1944;黄光国,2004b;翟学偉,2004]から,このような構図が今日においても相当存続していることがわかる。要するに,中国社会においては絶対性をもつ尊厳や名誉よりも相対性をもつ,つまり伸縮性をもつ名声が支配的と言えるのである。

6・3 「比較の文化」と構造的不安

プロローグにおいて筆者のかつての議論[1998]を踏まえて中国社会における「顔」を「名的顔」,「義的顔」,「利的顔」に3分類しているが[6],この「名的顔」はこのように名声的性格を強く有する。そしてその形成はこれまでも見てきたように能力的評価によるところが大きい。

能力的人格が自らのアイデンティティの場合,能力は比較によって定義されるため一人一人は際限のない比較に身を置くこととなる。端的に言えば,人より優位に立つほど人格が大きくなり,その逆は人格がゼロに近づくという構図が成り立つ。ここではまず能力的評価の獲得現象について見てみよ

う。前述通り共産党政権以前の中国社会における面子の重要な特徴として，能力（の結晶としての達成された社会的地位）によって構成される人格を強調する胡［2004＝1944］の面子の捉え方は多くの研究者によって現代中国社会の分析にも適用されているが，それについて異議を唱える研究者はほとんどいない。というのも，これは中国社会における厳然たる事実だからである。

　出世することは面子のあることであり，高級車，豪邸を所有することももちろん面子のあること，さらには愛人の数までもが面子と強く結び付く。もちろん，この場合，同類の人によって，有能と認められたり，羨ましがられたりすることにより面子となることは言うまでもないが，社会一般の問題として指摘されるに至ると，個別的な現象として片付けられなくなる[7]。そして面子が大きいことは何でもできることを意味するし［孫隆基，2004］，面子のために冠婚葬祭を盛大に行い（数十台の高級車両で隊列をつくって威勢よく市街地を移動する花嫁迎えの車列[8]，専門の泣き業者〔哭喪専業戸〕を雇って盛大に葬式の悲痛な雰囲気を演出する現象[9]などは典型的事例と言える），威風・面子のために公用車を動員して新婦[10]を迎え，子どもの面子のために公用車で子どもを学校に送る[11]など，面子による社会問題は深刻である。このような能力的人格としての面子は，自尊心による場合もあれば，自らをよく見せることにより資源交渉を有利に導くための場合もある。前者は名的面子であり，後者は利的面子であるが両者は往々にして重なる。つまり，優れた能力のもち主としてと評価された場合そのこと自体に満足する（すなわちそのような自分に誇りを感じる）と同時に，それにより資源交換において有利になるという意識ないし潜在意識をもつ可能性が大きい。というのも，意識はしなくても結果的に有利になるのが一般的だからである。

　このような現象は，見栄の張り合い［王元・張興盛・グッドフェロー，R.，2001］，「面子消費」（見栄のための建設プロジェクト，消費など）[12]，「臉面腐敗」（公権力による精神的利益〔面子〕獲得行為）[13]として批判され，国による「八栄八恥」（「贅沢を恥とする」などの内容からなる道徳規範）の強制[14]を招いているがなくなる気配はない。世界贅沢品協会（World Luxury Association）によると，

2011年の中国の贅沢品市場の消費額は126億ドル（自家用航空機・遊覧船・豪華自家用車を除く）で，全世界の28%を占め1位となっている[15]が，ここからもことの一斑が窺える。このような現象に関しては富裕層とは言えない若者層も例外ではない。例えば中国共産党系の中国青年報社会調査センターの2011年の調査によると84.2%の人が自分の周りの若者の「面子消費」は普遍的現象であると答えている[16]。

職業威信評価からも同じような傾向が読み取れる。職業威信評価において日本では技能と社会貢献が重視されるのに対し，中国では教育や収入が重視される［園田，2005］という指摘があるが，地位と実利重視の傾向は時代に関係なく確認されるように思われる（表6-1参照）。

科挙制度の伝統からもわかるように中国では伝統的に教育と実利の結合が顕著である。北宋第3代皇帝真宗作とされ，広く人口を膾炙することとなる『励学篇』（「書中自有千鍾粟……書中自有黄金屋……書中自有顔如玉」〔書中自ら千鍾の粟有り……書中自ら黄金の屋有り……書中女有り顔玉の如し〕[17]）が端的に科挙と実利の結び付きを物語る。また，中国で昔から広く子どもたちに暗誦させている北宋の汪洙撰とされる「神童詩」には「万般皆下品唯有読書高」（読書して就く官職のみが高貴でありそれ以外はすべて下賤な職業）という句[18]があるが，ここからも中国社会における「読書」（教育）の特別な意味が窺える。中国共産党創始者の1人で清末に科挙試験を受けた陳独秀は自伝で，科挙合格は高官へ通じる道であり，そして高官は大金もちが約束されるといった社会状況を述べているが［蔡元培・陳独秀，2015］，伝統中国においては科挙に象徴される教育・学問という文化的地位と政治的権力，および経済的地位は不可分に結び付いていた。このような伝統により教育水準・学歴は職業威信評価に大きく影響する。

表6-1からはまた，自然科学者やエンジニアの社会的需要が高く，したがって高い社会的地位・収入が約束されていた時代から，官僚，経営者の存在感が増大した時代への移行が読み取れる。このような傾向は北京大学の調査（表6-2）からも読み取れる。ちなみに1995年日本の社会階層に関する調

表 6-1 職業威信順位の推移

	1990 年[※1] （北京・広州）	1997〜1998 年[※2] （北京）	2008 年[※3] （北京・鄭州・昆明）	2015 年[※4] （全国）
1位	エンジニア	科学者	党政機関指導幹部	国家機関局長
2位	大学教授	大学教授	法律専門家	銀行頭取
3位	作　家	エンジニア	企業・事業単位最高責任者/医師	裁判官
4位	物理学者	物理学者	科学研究者	国有企業経営者
5位	医　師	医　師	大学教員	経済学者

出典）[※1] 蒋来文他（1991）「北京，広州両市職業声望研究」（北京市社会学学会『社会学与社会調査』第 2 期）。
[※2] 李強（2000）「転型期衝突性的職業声望評価」（中国社会科学雑誌『中国社会科学』2000 年 4 月）。
[※3] 尉建文・趙延東（2011）「権力還是声望？—社会資本測量的争論与験証」（中国社会科学院社会学研究所『社会学研究』2011 年 3 期)[19]。
[※4] 宗剛他（2016）「改革開放以来我国職業声望排序及変遷研究」（北京工業大学『北京工業大学学報社会科学版』第 16 巻第 2 期）。

査（SSM 調査）では職業威信順位が 1 位医師，歯科医師，2 位裁判官，検察官，弁護士，3 位大学教員，4 位船長・航海士（漁船以外），水先人，船舶機関長・機関士（漁船以外），航空機操縦士，航空士，航空機関士，5 位会社役員となっており[20]，2015 年の京都大学生に対する職業威信調査でも類似の傾向が見られる（都会出身者：1 位医師，2 位パイロット，3 位国会議員，4 位公認会計士，5 位大企業課長。田舎出身者：1 位医師，2 位パイロット，3 位国会議員，4 位大企業課長，5 位銀行員)[21]。

　このような名声的アイデンティティの追求は，比較を前提とするため，バーガーらが言うように構造的にアイデンティティの危機を抱え込むことになる。自らの職業への満足度の低さ（2015 年の『中国青年報』の調査では 78.9% が自分の職業をあまり評価していない)[22] もこのことと無関係ではない。2012 年にリクルートワークス研究所によって行われた「Global Career Survey」（13 カ国の 20 代と 30 代の大卒者を対象とした調査[23]）でも，日本人が「人間関係」や「仕事内容」を重視しているのに対して中国人は「賃金」や「キャリアパス」を重視していることが明らかになった。このことからもことの一斑が窺える。このようなメカニズムは大村英昭 [1997] の言う「煽る文化」装置と通底

表6-2 北京大学学生による職業威信評価[24]の推移

	1999年[※1]	2005年[※1]	2011年[※2]
1位	大学教授	経済学者	国営企業社長
2位	エンジニア	大学教授	裁判官
3位	経済学者	国家機関職員	国家機関職員
4位	物理学者	国有企業社長	大使館・領事館文官
5位	医　師	商社経営者	経済学者

出典）　[※1] 劉愛玉（2005）「社会転型過程中的職業地位評価：以北大本科学生調査為例（共青団中央委員会『青年研究』第4期）。
　　　[※2] 田志鵬他（2013）「社会転型時期大学生職業声望評価—以北京大学本科生調査為例」（共青団中央委員会『青年研究』第5期）。

する[25]。世俗化，近代化により欧米や日本社会においても宗教的地位，職業的地位などの弱体化，相対化の進展により名声がより重要な価値となったと言えるが，中国社会は，その世俗性，非封建制的伝統に加え，近現代においても成員の諸次元に君臨する専制的権力の長期にわたる支配により，名声現象がより顕著と言えよう。中国社会では絶対的な人格つまり人権が尊重されない［孫隆基, 2004］，また，「中国人は誰もが皇帝を夢見る」[26]［孫立平, 2004b, p.98］とよく言われるが，この二つは無関係ではなかろう。

　現代中国においては，超越的道義メカニズム欠如により，人々は名声追求に駆り立てられ，しかも権威的法体系や凝集メカニズムの欠如により，実力，勢力がものをいういわゆる「本事主義」が社会に充満し，そのような環境の中で万人の万人に対する名利争奪戦が繰り広げられ，結局はそれによりすべての人が社会的恥辱を受けている［成伯清, 2009］という認識もあるが，極端な表現ではあるにせよ，名声追求と，それによる差別メカニズムの作動という事実は否定できない。

　名声的名の追求は世俗化や社会のネットワーク化の進展する現代では一般化の傾向が見られるが，尊厳の排除の度合いは社会によって大きく異なっていると言えよう。この排除の度合いが高いほどゼロ人格が名声と接続される可能性が高くなることは言うまでもない。伝統中国において顕著な恥辱刑については今さら言うまでもなく，文化大革命期における恥辱的「批闘」[27]，

今日においても見られる犯罪容疑者への恥辱的「私刑」[28]などは社会における尊厳排除の度合いを示す事例として捉えられよう。

　また，相手の人格を踏み台にして自らの人格を増大化させる「人格消費」現象もこのような仕組みでは避けられないのであり，現に社会問題として確認される。伝統中国では自らが仕える主人，官僚を父母，王侯貴族の尊称でもある「大人」，神の尊称でもある「老爺」と呼び，逆に自らを「奴才」，「小人」等と称していたが，これは単なる呼称の問題ではなく，人格の差異の現れでもあると受け止めるべきである。そして共産党政権樹立後の1965年には「党内の同志間の呼称問題に関する通知」(「関於党内同志之間的称呼問題的通知」)（中発〔1965〕715号）という通達文を出して，一律「同志」と呼称するように指示を行ったが，1990年代から伝統中国における「老板」(所有者，支配者的意味合いを強く有する社長)の呼称が民営企業はもちろんのこと，国営企業，行政機関の責任者，大学指導教官，軍部隊の責任者などに対しても使われるなど社会全般に広まるようになり[29]，これは上司の権力欲を満たすものであるという批判もなされ[30]，広東省党委紀律委員会は2014年5月14日「党と政府機関工作人員の相互呼称規範を厳格化することに関して」(「関於厳明党政機関工作人員之間称呼紀律」)という通達文を出し，「老板」の使用を禁止している。これと対応する形で非正規として雇われて働くという意味合いを有する「打工」が自嘲的に使われたり，他者を軽蔑ないし差別するようなニュアンスが強くなっている[31]ことから関連の呼称を禁止している企業も現れている[32]。

　そもそも平等を標榜する社会主義理念からは地位の高低は認められないものであり，したがって党・政府の建前では幹部は役割分担・分業(「分工」)によるものであって地位とは関係ないことになっているが，しかし，2013年1月22日第18期中央紀律検査委員会第2回全体会議における党総書記習近平氏の「(腐敗官僚については)『虎』も『蝿』も一緒に捕らえなければならない」[33]という発言を挙げるまでもなく，幹部には「蝿」程度の地位の者から「虎」ほどの地位の者まであるのが厳然たる事実なのであり，しかも北京大

学政府管理学院教授の袁剛氏が,数千年来の官本位の文化伝統によって今日「上には媚び下には専横」(「媚上欺下」),「上官による抑圧」(「官大一級圧死人」)のような状況がつくり出されていると指摘する[34]ように,人格支配を含む支配のヒエラルヒーが存在するのであり,社会全般においても,公式的,非公式的等級化傾向が著しいと言わざるを得ない。

平等がもっとも強調されていた計画経済期における幹部,工人,農民という身分的差別体制,そして幹部の場合,「高幹病房」(高級幹部専用病室)待遇等様々な特権と対応する24級を数える「級別」[李明伍,2001,p.154]よる等級化,企業等人々が働く組織に対する「省級」,「地級」「県級」といった行政級別による等級化,全国統一入試制度による全大学の序列化,文革期における「紅五類」(革命軍人,革命幹部,労働者,貧農,下層中農),「黒五類」(地主,富農,反革命分子,悪質分子,右派分子)[35],「黒九類」(「黒五類」に裏切り者,スパイ,資本主義堅持派〔走資派〕,反動的学術権威が加わったもの。ちなみにインテリは「臭老九」〔腐った九番目〕と呼ばれた)[36],といった社会成員の敵味方への分類・等級化,そして改革開放以降経済的資本の論理に基づくサービスの急激な等級化(宿泊施設,交通機関におけるサービス等級の細分化は言うまでもなく,飲食を含む各種サービス等級の細分化からは「社会主義」平等理念の影はまったく確認されないと言っても過言ではない)など,基本的に体制や時代に関係なく,等級化傾向が確認されるのである。

このような等級化のもとでは,人格的対等性という価値観の定着は難しいと言わざるを得ない。そしてそれにより前述のような「人格消費」現象はその契機が得られることになると見るべきである。中国文化論で著名なアメリカの華人学者孫隆基氏はその中国文化論の著書[孫隆基,2004,p.68]の中で,「四人組」の時代(「文革」後期と思われる)に,外国人グループが公共施設を見学に訪れるときは,そこにいる中国人客を全部追い払ってから外国人を施設に入れていることに,そのツアーに参加していた知人のイギリス人大学院生が衝撃を受け,このように自国民を侮辱する国は全世界を探してもないのでは,と言っていることや,孫氏自らが1980年代初期に長江遊覧船で目撃

した光景として，遊覧船では食堂の食事時間帯を外国人と中国人とで別々に設けていたが，それを知らずに外国人観光客の食事時間帯に1人の中国人観光客が食堂に入ってしまい，食堂関係者から大声で「出て行け」と怒鳴られたという出来事を取り上げて，中国には大事なお客さんの前では自らを極端に謙るという文化があると述べているが，ここからはむしろ人格の等級化を読み取るべきであろう。

名声追求のこのような前提からの脱却が大きな課題であると言っても過言ではない。

1) 黄光国の場合，このように定義する一方，面子を差序格局の枠組みで捉えており，その視点から面子を状況指向（situation-orientation）の状況自我（situated identities）もしくは関係自我（relational self）として位置づけ，西洋のいわゆる独立自我（independent self）と対置させている［2005a］。
2) 民国期の知識人杜重遠は「要面子不要臉」（『新生』第1巻第6期，1934年3月17日）で当時の中国社会における大学教授，軍人，財界人，政界人等が職責をないがしろにして名利のみを追求する傾向を例に，南開大学学長張伯苓による「中国人は『面子』にはこだわるが『臉』は顧みない」という指摘は的を射ており，「要面子不要臉」は中国人の一般的な人生哲学であると述べているが，同様の社会批判は今日においても衰えていない。
3) 詳しくは李明伍［2005］参照。
4) 地方長官の息子が芸者屋で女にひじ鉄砲を食らい，警察を連れて女を逮捕するとともに店を閉鎖した場合，その息子は face（面子）は保ったが，honor（名誉）を守ったとは言えない，と説明している［林語堂，1992, p.176］。
5) 名誉と名声の分析については林［1992］および森［1971］の議論も参考にしている。
6) かつての拙論［1998］ではさらに，「臉」が不特定の他者に映る自分，そして「面子」が特定の他者に映る自分という定義に基づき，「名的顔」には「臉」（尊厳）と「面子」（名声，能力）が，「義的顔」にも「臉」（社会道徳）と「面子」（「関係」倫理）が含まれ，「利的顔」は「面子」（社会的資源）のみからなると主張し，中国社会では実際「臉」よりも「面子」が追求されていることから，中国社会において実質的に目指されている理想的人格は，名声，能力からなる「名的面子」，「関係」倫理からなる「義的面子」であるということを示唆した。
7) 汚職研究で知られる社会学者邵道生によれば，上流社会では愛人がステータスのシンボルとなっており，一部の汚職官僚の間でも愛人が多ければ多いほど能力があると見なされ，現に，不正で摘発された官僚の95%は愛人を囲っていた。そして汚職で摘

発された中央の高級官僚成克傑も「今日金もちや権力をもつ者の間では，愛人を囲うことが流行っており，自分のような高級幹部で愛人がいなければ，面子が立たなくなる」と供述している。(邵道生「『性賄賂』与腐敗貪官的十五個話題」〔インターネットサイト『新華網』2005年4月19日〕)

8) 中国共産主義青年団系の『中国青年網』(2017年5月20日) の報じているところによると，当日ハルビンでは80台の高級車にヘリコプターも加わって花嫁の迎えが行われた。

9) 盧朝陽「用社会学的理論解読専職哭喪人現象」(『思茅師範高等専科学校学報』第27巻第1期，2011年2月)，七月「大討論：女博士作"哭喪専業戸"該不該？」(『婦女生活』2012年01期)

10) インターネットサイト『青島新聞網』掲載の「面子問題」(2003年6月21日) 参照。

11) ある記者が海口市のある中学校の前の道路で観察したところ，10分間で子どもを送る車が100台以上も通過し，そのうちの8割が公用車であることが確認された。その記者の示唆するところによれば，このような現象の背景には子どもたちの面子の問題があるのである。インターネットサイト『新華網』(2003年9月12日) 掲載「公車，部隊車接送孩子，海口交警没法管？」参照。

12) 「面子消費を減らそう」『人民日報』(2005年10月4日) 参照。

13) 叶楚華「論中国特色之臉面腐敗」『価値中国』(HP) (2006年5月31日) 参照。

14) 「八栄八恥」とは2006年3月4日の中国人民政治協商会議において胡錦濤国家主席によって打ち出されたもので，国民の遵守すべき道徳規範として宣伝されるようになった。誉むべきこととして，国を愛すること，人民に奉仕すること，科学を敬うこと，勤勉に働くこと，助け合うこと，誠実であること，規律・法律を守ること，艱苦に耐え努力すること，そして恥ずべきこととして，国に害を与えること，大衆から遊離すること，蒙昧無知であること，労働を避け享楽を追求すること，他人に損害を与えるような利己，利に目がくらんで義を忘れること，規律を乱し法を犯すこと，驕奢淫逸であること，などが挙げられている（原文：以熱愛祖国為栄，以危害祖国為恥，以服務人民為栄，以背離人民為恥，以崇尚科学為栄，以愚昧無知為恥。以辛勤労動為栄，以好逸悪労為恥，以団結互助為栄，以損人利己為恥，以誠実守信為栄，以見利忘義為恥，以遵紀守法為栄，以違法乱紀為恥，以艱苦奮鬥為栄，以驕奢淫逸為恥)。

15) 『中国財経報』(2012年1月19日) 参照。

16) 「84.2%的人確認身辺年軽人"面子消費"普遍」(『中国青年報』2011年11月22日)。

17) 星川清孝『古文真宝〈前集〉』(明治書院，2003) の訳による。

18) 「神童詩」の内容については張瑋の『中華蒙学経典：神童詩・続神童詩』(中華書局，2013年) 参照。

19) 本調査では「この職業をどう思うか」という趣旨の設問からなる「威信」順位と，「この職業の権力（影響力）はどの程度か」および「この職業は他人に頼まれたことを解決してあげる上でどの程度の力を発揮できるか」といった趣旨の設問からなる「権力」順位との比較に主眼がおかれているが，通常広い意味での「威信」には両者が不可分に関係しているため，ここでは両者の平均値を「威信」とした。

20) 盛山和夫・原純輔監修『現代日本社会階層調査研究資料集：1995年SSM調査報告書』（東京図書センター，2006）参照。
21) 太郎丸博編『京大生の職業威信評定』（京都大学文学部社会学研究室2015年度社会学実習　報告書〔2016年2月京都大学学術情報リポジトリ〕）
22) 「78.9%受訪者対自己職業社会声望評価不高」（『中国青年報』2015年5月25日）参照。
23) リクルートワークス研究所「Global Career Survey　基本報告書」（2016年12月3日閲覧）〈http://www.works-i.com/pdf/140501_glo.pdf〉等参照。
24) この調査では経済的地位，政治的地位，社会的地位の主観評価を平均して職業威信としている。
25) 大村［1997］によれば，世俗的欲望を抑えると同時に宗教的目標達成へ向けての世俗的行動を促すキリスト教の「禁欲のエートス」とは違って，日本の伝統的宗教はあらゆる欲望を鎮め，自然に溶解するという指向をもつ「鎮欲のエートス」を有する。しかし，明治期からの近代化により，世俗的目標が重視されるようになり，その結果中間層の支配する社会構造が形成され，上層（勝者）への不満と下層（敗者）への不安とを抱える中間層の「禁欲的頑張る主義」が支配的な倫理価値となる。ここに「禁欲的エートス」の世俗化版としての「煽る文化」が形成されるというわけだが，中国社会における名声的アイデンティティ追求もこのような文化装置によるものと思われる。ただし中間層が厚いとは言えない中国社会の場合，「煽る文化」の根源は中間層ないし経済的指標によるもの以外にも求められなければならない。
26) 孫立平［2004b, pp.98-99］は「誰もが皇帝の夢を見る」例として，人々は最高級の家，最高級の車でないと満足せず，この心理を満たそうとしているかのように，不動産広告でも「帝景」，「王府」，「豪宅」，「至尊」などのキャッチフレーズが乱舞していることや，ランクの低い車に乗るのは面子が立たないことであるという意識が強く，政府でさえ一度は低ランクの車を北京の長安街から排除しようとしたと囁かれている，といった事実を挙げている。
27) 公衆の面前で批判対象本人の子女に批判をさせたり，「罪名」の書かれた白い尖り帽子を被せて町中の人々の見せ物にしたりするなど，屈辱を与えるような「批闘」（主に政治的立場に問題があると見なされた対象に対する敵対的な批判）が行われていた。
28) 地域の人たちが盗みを働いたとして捕らえた人を「泥棒」として公衆に晒すいわゆる「私刑」のような行為が度々報じられている。下記参照。
「女性どろぼうをさらし者にする人権無視」（Record China 2011年10月12日）〈http://www.recordchina.co.jp/b55070-s0-c30.html〉
「住宅地で5時間，警備員が泥棒を縛ってさらし者に」（Focus Asia 2013年8月25日）〈http://www.focus-asia.com/socioeconomy/photonews/357732/〉
29) 唐亞琴「"老板"称呼語汎化的原因分析」（『湖南医科大学学報社会科学版』2009, 12 (3)）；傅天傑「学《条例》規範称呼莫譲"老板"之称進軍営」（『雲南国防』2004年第3期）参照。
30) 四川日報網「領導幹部的称呼有何重要？」（2014年4月21日）参照。

31) 張柯「『打工仔』等歧視性詞語応当予以清理」(文匯報網〔2007年3月1日〕) 参照。
32) 周和毅「従禁称『打工仔』説起」(河南省社会科学院『区域経済評論』2001〔8〕)，朱光兵・皆利士「禁称員工為打工仔」(中国保安協会『中国保安』2004〔14〕) 参照。
33) 「習近平：堅持"老虎""蒼蠅"一起打」(人民網—中国共産党新聞網，2015年8月14日) 参照。
34) 袁剛「簡政放権有利於清除"官場病"」(人民網—中国共産党新聞網，2016年8月10日) 参照。
35) 「紅五類」と「黒五類」については熊忠武主編『当代中国流行語辞典』(吉林文史出版社，1992年8月) 参照。
36) 「黒九類」については，王均熙編著『漢語新詞詞典』(漢語大詞典出版社，1993年12月) 参照。

エピローグ 「顔」社会の再生産

（1） 「顔」の規則性と恥

　これまでの考察を通して，利的世界においても，義的世界においても，そして名的世界（名〔アイデンティティ〕の形成，確認を指向する行為を中心とした生活空間）[1]においても，顔が重要な意味をもつことを確認することができた。とりわけ利的世界，すなわち社会資源の配分において顔は貨幣や権力に匹敵する重要な役割を果たしていることが確認された。そして，これらの考察で一貫して見られたのは，個別性を特徴とする「顔」が一般性的な傾向ももつということだった。例えば「人情」や「関係」に現れる「顔」は，個別的な人格であると同時に，そのポジションが一般性を帯びる傾向ももつのである。このことは，「顔」が一般的規則性をもつルールであることを意味し，その意味では一種のメディアであると言える。
　メディア論では，マーシャル・マクルーハンやオングに代表されるコミュニケーション媒介技術の変化に関する議論と，パーソンズや，ルーマンに代表される社会システムの媒介に関する議論とが主な流れをなしている[2]。周知のように，パーソンズの社会システム論においては，貨幣，権力，影響力，価値コミットメントが，それぞれサブシステムのシンボリック・メディアとしてサブシステム間の媒介となっている。一方，ルーマンの社会システム論の場合，専門的に（機能的に）細分化されたコミュニケーションシステムがサブシステムとなっており，そしてそれぞれのサブシステムには，コミュニケーションを媒介するメディアが存在する。権力，貨幣，真理，愛等が代表

的なものだが，他にも複数取り上げられている。もっともパーソンズとルーマンにおける行為，コミュニケーションは，ハーバマスの唱えるコミュニケーション的行為・了解志向的行為ではなく，目的合理的行為・成果志向的行為であることは言うまでもない。したがって，厳密に言えば，象徴的メディアというより，記号的メディアということになる。このような違いはあるが，最大公約数として社会におけるルールをメディアとして措定した場合，顔はこのようなメディアに含まれるとも言える。ただし，顔は貨幣や権力に比べて複合的であり，そして個別性と一般性とを併せもっている。したがってその点では次元を異にするとも言える。メディア論の視点から権力や貨幣との連関において顔のメカニズムを捉える研究のさらなる展開が望まれる。

　ところで，メディアとしての「顔」の規則性を支えている主要なものとして恥を挙げることができる。周知のようにR.F.ベネディクトの罪－恥文化論に端を発した「恥の文化」論は今日においても形を変えて展開されており，日本社会のみならず中国社会の文化を論ずる上で重要な手掛かりとなっている。ベネディクトの「内面的な罪の自覚にもとづいて善行を行なう」[ベネディクト，R., 1967, p.258]西洋の「罪の文化」と，それに対する「外面的強制力にもとづいて善行を行なう」[同前]日本の「恥の文化」というような捉え方は主に恥の複雑性の観点から批判がなされてきたが，第6章でも触れた通り筆者も恥の多様性に着目し，それを「愧」「羞」「辱」に三分類したことがある［李，1998］。主に作田[1967]や副田[1993]などを参考に「恥」を，「逸脱―劣位」および「所属集団―準拠集団」からなる座標軸によって三分類し，日本社会における恥との相違点について，日本社会に顕著な恥が「準拠集団」による「劣位」の評価によるものとしての性格を強く有するのに対し，中国社会のそれは「所属集団」による「劣位」の評価によるものとしての性格を強く有する，と指摘した。それをさらに敷衍すれば，日本社会において比較的顕著に見られるアイデンティティは「準拠集団」に称賛される人格のことであり，中国社会のそれは「所属集団」によって認められた能力的

人格のことである，と言えよう。

　つまり，運命をともにする人（たち）を逸脱行為で裏切ったときに覚える恥が「愧」で，同じく運命をともにする人（たち）に「低能力者」として映ったときに覚える恥が「羞」であり，ライバルに「低能力者」として映ったときに覚える恥が「辱」であるが，これまでの「顔」の考察から，中国社会で比較的目立つのは「辱」であることがあらためて確認された。ここから「辱」の回避が「顔」の規則性に大きく寄与していることがわかる。もちろんこれまで見てきた通り，中国文化独自の義の慣行・価値観の寄与も低く評価されるべきではない。

（2）「顔」社会の今後の展望

　社会の変動はメディアの盛衰をもたらすが，これからの社会変動によって「顔」はどうなっていくのだろうか。これまでの考察からもわかるように，今日における「顔」の性格は，伝統中国におけるそれと本質の面でそれほど変わらない。そもそも「顔」が重要な意味をもつのは，社会において共同体規範が弱く，しかも市場メカニズムが十分に機能していないことが大きな原因とも言える。この方向で考えると，中国において市場メカニズムが十分に浸透すれば，「顔」はメディアとしてはあまり機能しなくなる，ということになる。はたしてそうなるのだろうか。

　たしかに近代化の過程で「顔」の存在感を奪ったのは，市場経済化であり，そして大規模組織化ないし官僚制化である。さらにはギデンズのモダニティ論［ギデンズ，1993］にいう時間と空間の分離の進展がもたらす匿名関係の支配化も「顔」の無力化に帰結する。

　しかし，冒頭でも述べたように，もし「顔」が意味世界の重心であるとするならば，「顔」のない社会，匿名関係が支配する社会は，人間にとって望ましいものとは言えないだろう。現にそのような近代化の進展には歯止めがかかるようになってきたようにも思われる。今日社会資本として経営の効率化

と結び付けて論じられているネットワーク組織論も，そもそもは1970年代から顕著になった社会のネットワーク化への着目が始まりである［若林直樹, 2009］。基本的に個々人が主体的に相手とコミュニケーションを取る形で形成される社会ネットワークの進展は，「顔」の復権，意味の復権として捉えられるべきであろう。

これまでも見てきたように，中国社会は積極的に欧米型市民社会へ向かおうとしていないように見受けられるが，それにはもちろん様々な原因があるだろう。ただ，一因としては，欧米においても従来の近代化にある程度歯止めがかかるようになったことも挙げられよう。市場経済化が進んでいるにもかかわらず，今日の中国は過去へ進化する社会主義［園田茂人, 2008a］であると診断する学者が現れていることも，このような文脈からすれば，その理解はそれほど難しくない。

このような状況を考えた場合，中国における「顔」の再生産は今後も続くことが予想される。上でも示唆されているように，「顔」の存在感は市場化と近代的官僚制化に反比例する。また視点を少し変えた場合，個人主義と集団主義の度合いとも逆相関関係にあると言える。

第1章でも触れたA.H.スミスの指摘する19世紀中国社会の「顔」的特徴は，市場メカニズムや近代的官僚制，個人主義の「未発達」によるものであり，また集団主義の脆弱性によるものであるとも言える。ここで言う集団主義とは具体的には，生活空間を構成する所属集団の共同体的性格のことであるが，その脆弱性については多くの研究者が指摘しているところである[3]。共産党政権樹立後，社会主義体制の確立とともにこのような局面は多少変化することとなる。建国初期においては，ある程度近代的な制度の導入と共産主義的共同体意識の高揚により，「顔」によって結ばれる関係とは異なる「同志」関係が重視されることもあったが［Vogel, E.F., 1965］，その後の一党独裁の強化，全体主義の進展により疎外化が進み，非人格的なルールと集団への帰属意識は影を潜め，「顔」による個人的ネットワークが重視されるようになった。これはまさに社会主義体制における「顔」の再生産過程と言え

よう。

　そして改革開放がスタートし，市場経済化が進展するにつれて「顔」的関係としての人格的関係が弱体化する局面も見られたりするが，しかし「社会主義市場経済」という体制に内在する矛盾により，「顔」は体制に適応する形で再生産されている。さらに，市場経済化が一段と進展して「社会主義」という限定語が外され，「市場経済」体制になったとしても，そこには人間疎外による「顔」の要請が待ち構えているということは，前述した通りである。このように，「顔」は新しい環境に適応する形で絶えず再生産されると見るべきであろう。したがって，当然ながら「顔」論的アプローチもさらなる進展が期待されるのである[4]。

　これまでの考察でわかるように，中国社会は「顔」が実質的に支配的なルールを形成するいわゆる「顔」の社会であるが，これまでこの「顔」社会は成員一人一人の意図せざる結果として「顔」本来の意味世界を変質させ，人間疎外をもたらす傾向を強く有してきた。これは当然ながら「顔」自体の問題ではなく，その現れ方による。つまり二元社会構造の一翼を担う形としての現れ方に問題の本質があると言えよう。これまで見てきたように，二元社会の根底にある異次元の権力を「顔」は意図せざる結果として支えている部分が大きいのであり，したがってその自覚により「顔」本来の意味世界を取り戻す方向への進展も考えられる。これは本書の期待するところでもある。

1)　筆者はかつて顔との関連で，世俗的生活空間を分析的に，手段的行為を中心とした利的世界，主として使命感や義務感による関係指向的行為を中心とした義的世界，自己確認，自己実現を指向する行為を中心とした名的世界などに分けて考える試みを行ったことがある［李明伍, 1998］。ここではそれに基づいている。
2)　このような捉え方は社会学では一般的である。大澤の紹介（大澤真幸「メディア論」〔廣松渉ほか編『岩波　哲学・思想事典』岩波書店, 1998］）参照。
3)　これについては筆者［1997b；1998］参照。
4)　本書では，顔論的アプローチと関連づけながらこれまでの文化論的社会研究に対して分析を行い，そしてそれを通して制度論的アプローチや階層論的アプローチの限界

を浮き彫りにすると同時に，顔論的アプローチの体系化の方向性（利的世界，義的世界，名的世界それぞれへのアプローチの有機的統合という方向性）をある程度示すことができた。このような体系化の視角と，（ポストオリエンタリズムないしポストコロニアリズム的影響を受けた多くの中国社会論が無意識的に欧米を準拠点としているような状況への批判に立脚する）中立的比較という方法論とが筆者の構想する顔論的アプローチの重要な特色として指摘できる。

引用・参考文献

【A】
阿部謹也編著（2002）『世間学への招待』青弓社。
アイゼンシュタット S.N.（1991）『文明形成の比較社会学―ヴェーバー歴史理論の批判的展開』梅津順一他訳，未來社。
青木保（1990）『「日本文化論」の変容―戦後日本の文化とアイデンティティー』中央公論社。
有賀喜左衛門（1967）「公と私―義理と人情」『有賀喜左衛門著作集Ⅳ 封建遺制と近代化』未来社。

【B】
バーガー，P.L. 他（1977）『故郷喪失者たち―近代化と日常意識』高山真知子他訳，新曜社。
馬伊里（2008）『合作困境的組織社会学分析』上海人民出版社。
ベネディクト，R.（1967）『菊と刀―日本文化の型』長谷川松治訳，社会思想社。
Bian Yianjie (1994) "Guanxi and the Allocation of Jobs in Urban China", *The China Quarterly*, 140: 971-999.
Bian Yianjie (1997) "Bringing strong ties back in: Indirect ties, network bridges, and job searches in China", *American Sociological Review*, 62: 266-285.
文新華・李鋭利・張洪華（2004）「関於大学生就業心態的調査」（『教育発展研究』第 9 期）。
文崇一（1988）「報恩与復讐：交換行為分析」（楊国枢主編楊『中国人的心理』桂冠図書公司）。
文崇一（2006）「従価値取向談中国国民性」（李亦原・楊国枢主編『中国人的性格』江蘇教育出版社）。
文崇一・蕭新煌主編（2006）『中国人：観念与行為』江蘇教育出版社。
Butler, John (1991) "Toward Understanding and Measuring Conditions of Trust", *Journal of Management*, 17.

【C】
陳福平・黎熙元（2008）「当代社区的両種空間：地域与社会網絡」（上海大学『社会』第 5 期：41-57）。
陳柏峰（2009）「村庄生活中的面子及其三層結構―贛南版石鎮調査」（広東省社会科学院『広東社会科学』2009 年第 1 期，168-173）。
陳鵬（2009）「従『産権』走向『公民権』」（中国人民大学『社会学』第 7 期：80-89）。
陳偉（2015）「強関係還是弱関係：求職過程中間人的作用」（上海社会科学院社会学研究所

『社会学』2015 年第 4 期)。
陳偉東(2004)『社区自治―自組織網絡与制度設置』中国社会科学出版社。
陳桂棣・春桃(2004)『中国農民調査』人民文学出版社。
陳其南(中華民国七十九年)『家族与社会―台湾和中国社会研究的基礎理念』聯経出版事業公司。
陳其南(2006)「中国人的家族与企業経営」(文崇一・蕭新煌主編『中国人:観念与行為』鳳凰出版伝媒集団江蘇教育出版社)。
陳之昭(1988)「面子心理的理論分析与実際研究」(楊国枢主編『中国人的心理』桂冠図書公司)。
陳捷・盧春龍(2009)「共通性社会資本与特定性社会資本―社会資本与中国的城市基層治理」(中国社会科学院社会学研究所編『社会学研究』第 6 期:87-103)。
陳少珙(1999)『階層:中国人的格調与階層品位分析』大衆文芸出版社。
陳涛(2008)「専業化是社区服務発展的応有方向」(田玉栄主編『非政府組織与社区発展』社会科学文献出版社)。
儲小平・李懐祖(2003)「信任与家族企業的成長」(国務院発展研究中心『管理世界』2003 年第 6 期)。
張文宏(2005a)「城市居民社会網絡資本的階層差異」(中国社会科学院社会学研究所編輯部編『社会学研究』第 4 期)。
張文宏(2005b)「階層地位対城市居民社会網絡性質的影響」(上海大学『社会』第 4 期)。
張文宏(2006)『中国城市的階層結構与社会網絡』上海人民出版社。
張文宏(2008a)「社会網絡与社会資本研究」(中国社会科学院社会学研修所編『中国社会学年鑑―2003～2006』社会科学文献出版社)。
張文宏(2008b)「社会転型過程中社会網絡資本的変遷」(上海大学『社会』第 3 期:73-80)。
張文宏・李沛良・阮丹青(2004)「城市居民社会網絡的階層構成」(中国社会科学院社会学研究所編輯部編『社会学研究』第 6 期)。
趙延東(2006)「再就業中社会資本的使用―以武漢市下崗職工為例」(『学習与探索』第 2 期)。
趙延東(2008)「社会網絡与城郷居民的身心健康」(上海大学『社会』第 5 期:1-19)。
張静(2007)「居委会変身物業公司是耶?非耶?」(『社区』2007 年 7 月号)。
張静主編(2008)『転型中国:社会公正観研究』中国人民大学出版社。
中国民(私)営経済研究会家族企業研究課題組(2011)『中国家族企業発展報告』中信出版。
中国社会科学院社会学研究所編(2004)『中国社会学　第三巻』上海人民出版社。
中国社会科学院社会学研究所編(2005)『中国社会学　第四巻』上海人民出版社。
中国社会科学院「社会形勢分析与予測」課題組編(2007)『2007 年:中国社会形勢分析与予測』社会科学文献出版社。
コールマン,J.S.(2004)『社会理論の基礎 上』久慈利武監訳,青木書店。
コールマン,J.S.(2006)『社会理論の基礎 下』久慈利武監訳,青木書店。

【D】

田玉川(2001)『面子学』台湾先智。
田志鵬・鄺継浩・劉愛玉(2013)「社会転型時期大学生職業声望評価―以北京大学本科生調査為例」(『青年研究』2013(05):1-10)。

【E】

江口伸吾（2006）『中国農村における社会変動と統治構造―改革・開放期の市場経済化を契機として』国際書院。

Ekeh, P. (1974) *Social Exchange Theory: The Two Traditions,* Heinemann.

江守五夫（1990）『家族の歴史民族学―東アジアと日本』弘文堂。

袁岳（2007）『調査中国生活真相』航空工業出版社。

閻雲翔（2000）『礼物的流動：一個中国村庄中的互恵原則与社会網絡』上海人民出版社。

Erickson, Erik H. (1963) *Childhood and Society,* 2d ed., New York: Norton.

【F】

Fried, Morton H. (1953) *Fabric of Chinese Sociaty,* New York: Praeger.

傅忠道（2001）『社区工作基礎知識1000答』中国青年出版社。

藤田弘夫（2003）『都市と文明の比較社会学―環境・リスク・公共性』東京大学出版会。

フクヤマ，F.（1996）『「信」無くば立たず』加藤寛訳，三笠書房（*Trust: The social virtues and the creation of prosperity. Glencoe,* IL: Free Press, 1995）。

フクヤマ，F.（2000）『「大崩壊」の時代―人間の本質と社会秩序の再構築（上）』鈴木主税訳，早川書房。

【G】

Giddens, Anthony (1991) *Modernity and Self-Identity,* Stanford: Stanford University Press.

ギデンズ，アンソニー（1993）『近代とはいかなる時代か？―モダニティの帰結』松尾精文・小幡正敏訳，而立書房。

ゴッフマン，E.（1974）『行為と演技―日常生活における自己呈示』石黒毅訳，誠信書房（*The Presentation of Self in Everyday Life,* Doubleday & Company, 1959）。

ゴッフマン，E.（1986）『儀礼としての相互行為―対面行動の社会学』広瀬英彦・安江孝司訳，法政大学出版局（*Interaction Ritual: Essays on Face-to-Face Behaviour,* 1959）。

呉鈞（2010）『隠権力』雲南人民出版社。

呉思（2001）『潜規則：中国歴史中的真実遊戯』雲南人民出版社。

呉思（2003）『血酬定律：中国歴史中的生存遊戯』中国工人出版社。

呉小英（2008）「代際関係」（李培林・李強・馬戎主編『社会学与中国社会』社会科学文献出版社）。

グラノヴェター，M.S.（2006）「弱い紐帯の強さ」大岡栄美訳（野沢慎司編・監訳『リーディングス ネットワーク論―家族・コミュニティ・社会関係資本』勁草書房）（Granovetter, Mark S. (1973) "The Strength of Weak Ties." *American Journal of Sociology,* 78: 1360-1380）。

Granovetter, Mark S. (1982) "The Strength of Weak Ties: A Network Theory Revisited", Marsden, Peter and Lin, Nan, *Social structure and Network Analysis,* Sage, 105-130.

【H】

ハーバーマス，J.（1973）『公共性の構造転換』細谷貞雄訳，未来社。

ハーバーマス，J.（1985-87）『コミュニケイション的行為の理論（上中下）』河上倫逸他訳，未来社。

濱口惠俊（1982）『間人主義の社会日本』東洋経済新報社。
濱口惠俊（2003）『「間（あわい）の文化」と「独（ひとり）の文化」―比較社会の基礎理論』知泉書館。
潘鴻雁（2008）『国家与家庭的互構―河北翟城村調査』上海人民出版社。
橋爪大三郎（2006）「言語派社会学の理論構成」（日本社会学会『社会学評論』Vol.57, No.1）。
蓮見音彦（2016）『現代日本の地域格差―2010 年・全国の市町村の経済的・社会的ちらばり』東信堂。
旗田巍（1973）『中国村落と共同体理論』岩波書店。
林知己夫（2001）『日本人の国民性研究』南窓社。
辺燕傑（2004）「城市居民社会資本的来源及作用：網絡観点与調査発現」（『中国社会科学』第 3 期）。
辺燕傑主編（2011）『関係社会学：理論与研究』社会科学文献出版社。
辺燕傑・張文宏（2001）「経済体制，社会網絡与職業流動」（『中国社会科学』第 2 期）。
辺燕傑・丘海雄（2000）「企業的社会資本及其効能」（『中国社会科学』第 2 期）。
辺燕傑・李煜（2001）「中国城市家庭的社会網絡資本」（『清華社会学評論』第 2 期）。
樋口匡貴（2004）『恥の発生―対処過程に関する社会心理学的研究』北大路書房。
費孝通（1988）「差序格局」（1947 年）（費通編選『費孝通選集』天津人民出版社，93-100）。
費孝通（2002）「対上海社区建設的一点思考―在『組織与体制：上海社区発展理論研討会』上的講和」（『社会学研究』2002 年第 4 期）。
姫岡勤（1944）「義理の概念とその社会的基礎」『社会学研究』1，高山書院。
Ho, D.Y.F.（1976）"On the Concept of Face", *American Journal of Sociology*, 10: 867-884.
Ho, D.Y.F.（1998）"Interpersonal relationships and relationship dominance: An analysis based on methodological relationalism", *Asian Journal of Social Psychology*, 1: 1-16.
彭勃（2002）『郷村治理：国家介入与体制選択』中国社会科学出版社。
彭泗清（1999）「信任的建立機制―関係運作与法制手段」（中国社会科学院社会学研究所編輯部編『社会学研究』1999 年第 2 期：53-66）。
シュー（Hsu），F.L.K.（1971）『比較文明社会論―クラン・カスト・クラブ・家元』作田啓一・浜口恵俊訳，培風館（*Clan, Caste, and Club*, D. Van Nostrand Co., Inc., 1963）。
Hsu, F.L.K.（1985）"The self in cross-cultural perspective", In A. Marsella, G. DeVos & F.L.K. Hsu（Eds.）, *Culture and self*, New York: Tavistock.

【 I 】
池上英子（2000）『名誉と順応―サムライ精神の歴史社会学』森本醇訳，NTT 出版。
尉建文・趙延東（2011）「権力還是声望？―社会資本測量的争論与験証」（中国社会科学院社会学研究所『社会学研究』2011 年第 3 期）。
今田高俊（2006）「社会学の観点から見た公私問題」（佐々木毅他編『公共哲学 2　公と私の社会科学』東京大学出版会，41-58）。
稲畑耕一郎（2003）『神と人との交響楽―中国仮面の世界』農山漁村文化協会。
Inglehart, R.（1999）Trust, Well-Being and Democracy. In M.E. Warren （Ed.），

Democracy and Trust, Cambridge: Cambridge University Press, 88-120.

インケルス，A.（2003）『国民性論―精神社会的展望』吉野諒三訳，出光書店。

井上忠司（1977）『「世間体」の構造―社会心理史への試み』日本放送出版協会。

【J】

Jacobs, B.J. (1988=1979) "A Preliminary Model of Particularistic Ties in Chinese Political Alliances: Kan-ching and Kuan-hsi in a Rural Taiwanese Township", *China Quarterly,* 78: 237-73.

徐春陽（2009）「都市社会の構造転換と自治」（黒田由彦・南裕子編著『中国における住民組織の再編と自治への摸索―地域自治の存立基盤』明石書店）。

徐勇他（2002）『中国城市社区自治』武漢出版社。

【K】

加々美光行（2007）「現代中国学原論」（愛知大学『中国の発見―中国学方法論のパラダイム転換』愛知大学国際中国学研究センター）。

夏建中（2003）「中国公民社会的先声」（山東大学『文史哲』第3期）。

郭毅・羅家徳（2007）『社会資本与管理学』華東理工大学出版社。

上水流久彦（2006）「人間関係の構築にみる台湾同姓団体の機能」（吉原和男・鈴木正崇・末成道男編『〈血縁〉の再構築―東アジアにおける父系出自と同姓結合』風響社）。

何宗思（2003）『中国人格病態批判』中国社会出版社。

川島武宜（1951）「義理」（『思想』第327号，岩波書店，21-28）。

何友暉他（1998）「方法論的関係論及其在中西文化中的応用」（中国社会科学院社会学研究所編輯部編『社会学研究』1998年第2期：34-43）。

何友暉・陳淑娟・趙志裕（1991）「関係取向：為中国社会心理方法論求答案」（楊国枢・黄光国主編『中国人的心理与行為（一九八九）』桂冠図書公司）。

金観濤・劉青峰（2002）「存在着多元現代性（Multiple Modernities）嗎？」（蔡英文・江宜樺主編『現代性与中国社会文化』新台湾人文教基金会）。

金耀基（1988a）「人際関係中人情之分析」（楊国枢主編『中国人的心理』桂冠図書公司）。

金耀基（1988b）「『面』，『恥』与中国人行為之分析」」（楊国枢主編『中国人的心理』桂冠図書公司）。

King, Y.C. & Myers, J.T., (1977) *Shame as an Incomplete Concept of Chinese Culture: A Study of Face,* Hong Kong: Social Research Center, Chinese University of Hong Kong.

胡先縉（2004=1944）「中国人的面子観」（黄光国・胡先縉『面子：中国人的権力遊戯』中国人民大学出版社，2004〔Hu, Hsien Chin, "The Chinese Concept of 'Face'", *American Anthropologist,* 46(1): 45-64, 1944〕）。

顧駿（2008）「有限社区的理念与実践」（田玉栄主編『非政府組織与社区発展』社会科学文献出版社）。

黄玉琴（2002）「礼物，生命儀礼和人情圏」（中国社会科学院社会学研究所編輯部編『社会学研究』2002年第4期：88-101）。

胡必亮（1996）「『関係』規則与資源配置」（『中国社会科学季刊』秋季刊，総第16期）。

高鑑国他（2008）「社区治理的理論与実践模式」（田玉栄主編『非政府組織与社区発展』社会科学文献出版社）。

耿敬・李琰珺（2007）「人際関係資本与関係資本借貸」（上海大学『社会』2007年第3期）。
項継権（2002）『集体経済背景下的郷村治理』華中師範大学出版社。
黄希庭・鄭涌他（2005）『当代中国青年価値観研究』人民教育出版社。
黄光国（1988）「人情与面子：中国人的権力遊戯」（黄光国訳編『中国人的権力遊戯』巨流図書公司）。
黄光国（2004a）「自序：探索中華文化的深層結構」（黄光国編著『面子――中国人的権力遊戯』中国人民大学出版社）。
黄光国（2004b）「華人社会中的臉面与溝通行動」（黄光国編著『面子――中国人的権力遊戯』中国人民大学出版社）。
黄光国（2005a）「華人社会中的臉面観」（楊国枢・黄光国・楊中芳主編『華人本土心理学（上）』遠流出版有限公司）。
黄光国（2005b）「華人関係主義的理論建構」（楊国枢・黄光国・楊中芳主編『華人本土心理学（上）』遠流出版有限公司）。
黄光国（2005c）「心理学本土化的方法論基礎」（楊国枢・黄光国・楊中芳主編『華人本土心理学（上）』遠流出版有限公司）。
黄光国（2006）「中国人的人情関係」（文崇一・蕭新煌主編『中国人：観念与行為』鳳凰出版伝媒集団江蘇教育出版社）。
江立華・沈潔（2008）『中国城市社区福利』社会科学文献出版社。
黄宗智（2002）「中国的『公共領域』与『市民社会』」（鄧正来他編『国家与市民社会――一種社会理論的研究路径』程農訳，中央編訳出版社）。
向徳平（2006）「社区組織行政化：表現，原因及対策分析」（江蘇省社会科学院学海雑誌社『学海』第3期）。
黒田由彦（2009a）「都市の住民組織と自治」（黒田由彦・南裕子編著『中国における住民組織の再編と自治への摸索―地域自治の存立基盤』明石書店）。
黒田由彦（2009b）「中国の秩序創出メカニズムと自治」（黒田由彦・南裕子編著『中国における住民組織の再編と自治への摸索―地域自治の存立基盤』明石書店）。
許栄（2007）『中国中間階層文化品位与地位恐慌』中国大百科全書出版社。
許海峰編（2003）『你「中産」了嗎？』経済日報出版社。
許欣欣（2000）「従職業評価与択業取向看中国社会結構変遷」（中国社会科学院社会学研究所編輯部編『社会学研究』第3期）。
許烺光（2001）『祖蔭下』南天書局有限公司。
叶啓政（2006）『社会理論的本土化建構』北京大学出版社。
喬健（1988）「関係芻議」（楊国枢主編『中国人的心理』桂冠図書公司）。

【L】

Lebra, T. Sugiyama (1971) "The Social Mechanism of Guilt and Shame", *Anthropology Quartely*, vol.44, October 1971: 241-255.
Lee, T.V. (Ed.) (1997) *Contract, Guanxi, and Dispute Resolution in China*, New York: Garland Publishing, Inc.
Levi, Margaret (1996) "Social and Unsocial Capital", *Politics and Society*, 1996, Vol.24.
リン，ナン（2008）『ソーシャル・キャピタル―社会構造と行為の理論』筒井淳也他訳，ミネルヴァ書房（Lin, N. (2001) *Social Capital: A Theory of Social Structure and*

Action, New York: Cambridge University Press)。
ルーマン，N.（1990）『信頼―社会的な複雑性の縮減メカニズム』大庭健・正村俊之訳，勁草書房。
Luo, Jar-Der. (2005) "Particularistic Trust and General Trust—A Network Analysis in Chinese Organizations", *Management and Organizational Review*, 3.
リンド，H.M.（1983＝1958）『恥とアイデンティティ』鑪幹八郎・鶴田和美訳，北大路書房。

【M】

マン，ジェームズ（2007）『危険な幻想―中国が民主化しなかったら世界はどうなる？』渡辺昭夫訳，PHP研究所。
正村俊之（1995）『秘密と恥―日本社会のコミュニケーション構造』勁草書房。
南裕子（2009）「中国農村自治の存立構造と展開可能性―村落組織の自律性と共同性をめぐって」（黒田由彦・南裕子編著『中国における住民組織の再編と自治への模索』明石書店）。
源了圓（1969）『義理と人情―日本的心情の一考察』中公新書。
閔学勤（2009）「社区自治主体的二元区隔及其演化」（中国社会科学院社会学研究所『社会学研究』第1期）。
Mishra, A.K. (1996) "Organizational Responses to Crises: The Centrality of Trust", In Roderick Moreland Kramer and Tom R. Tyler (Eds.), *Trust in Organizations*, Thousand Oaks, Calif.: SAGE Publications, Inc.
三戸公（1976）『公と私』未来社。
溝口雄三（1980）「中国における公・私概念の展開」（『思想』第669号，岩波書店，19-38）。
溝口雄三（1996）『公私』三省堂。
溝口雄三（2001）「中国思想史における公と私」（佐々木毅他編『公共哲学1　公と私の思想史』東京大学出版会，35-58）。
森口兼二（1993）『自尊心の構造』松籟社。
森三樹三郎（1971）『「名」と「恥」の文化―中国人と日本人』講談社。
森三樹三郎（1988）『中国文化と日本文化』人文書院。
孟憲平（2013）「官員的非制度化生存分析」（河南省社会科学界連合会『領導科学』27期）。
室伏哲郎（1980）『贈る論理・贈られる論理―疑獄を生み出す日本的風土』PHP研究所。
繆青（2008）「公民参与和社区治理：理念，変遷和制度化的趨勢」（田玉栄主編『非政府組織与社区発展』社会科学文献出版社，2008）。

【N】

内藤莞至（2001）『構造と誇り―階層の社会心理』高文堂出版社。
中村則弘（2008）「混沌と社会変動―中国にみる担い手の生活指針から」（中村則弘編著『脱オリエンタリズムと中国文化―新たな社会の構想を求めて』明石書店）。
中村保雄（1993）『仮面と信仰』新潮社。
中野卓（1978・1981）『商家同族団の研究―暖簾をめぐる家と家連合の研究　上・下』未来社。
中野卓（1983）「内と外」相良亨他編『講座　日本思想3　秩序』東京大学出版会。
根橋正一（1999）『上海―開放性と公共性』流通経済大学出版会。
仁井田陞（1952）『中国の農村家族』東京大学出版会。

似田貝香門編著（2008）『自立支援の実践知』東信堂。
野沢慎司編・監訳（2006）『リーディングス　ネットワーク論―家族・コミュニティ・社会関係資本』勁草書房。

【O】

Oi, Jean C. (1992) "Fascal Reform and The Economic Foundations of Local State Corporatism in China", *World Politics*, 45, October 1992.
大村英昭（1997）『日本人の心の習慣―鎮めの文化論』日本放送出版協会。
長田洋司（2009）「現代中国都市基層社会の環境的変化と新たな社会的ネットワーク形成―『回龍観文化居住区』におけるキーパーソンの役割を事例として」（日中社会学会『21世紀東アジア社会学』第2号）。
王穎（2008）「社区和公民社会」（李培林・李強・馬戎主編『社会学与中国社会』社会科学文献出版社）。
王衛東（2006）「中国城市居民的社会網絡資本与個人資本」（中国社会科学院社会学研究所編輯部編『社会学研究』第3期）。
王元・張興盛・グッドフェロー，R.（2000）『中国のビジネス文化―中国の経営風土と交渉術』代田郁保監訳，出版研。
王義祥（2006）『当代中国社会変遷』華東師範大学出版社。
王剛義・趙林峰・王徳祥（1990）『中国社区服務研究』吉林大学出版社。
王暁燕（2001）「契約型社区的生成和発展」（北京社会科学院編『城市問題』第99号）。
王暁毅（2008）「組織過程与制度按排」（李培林・李強・馬戎主編『社会学与中国社会』社会科学文献出版社）。
王飛雪・山岸俊男（1999）「信任的中，日，美比較研究」（中国社会科学院社会学研究所編輯部編『社会学研究』1999年第2期：67-82）。
王冠中（2008）「"自身作為"与"公共利益"」（張静主編『転型中国：社会公正観研究』中国人民大学出版社）。
王滬寧（1991）『当代中国村落家族文化―対中国現代化的一項探索』上海人民出版社。
王明美・程宇航（2008）『社区建設：中国和江西的実践』江西出版集団江西人民出版社。
王水雄（2008）「機会集合，関係選択与結構効応」（李路路・辺燕傑主編『制度転型与社会分層―基於2003年全国総合社会調査』中国人民大学出版社，209-234）。
王崧興（1987）「漢人の家族と社会」（伊藤亜人他編『現代の社会人類学』Ⅰ，東京大学出版会）。
王紹光・劉欣（2002）「信任的基礎：一種理性的解釈」（中国社会科学院社会学研究所『社会学研究』2002年第3期）。
王友琴（1989）『魯迅与中国現代文化震動』湖南教育出版社。
翁定軍・何麗（2007）『社会地位与階層意識的定量研究―以上海地区的階層分化為例』世紀出版集団上海人民出版社。
王天夫・李博柏（2008）「平等主義国家理想与区隔主義官僚体系：一個社会分層結構的新模型」（上海大学『社会』第5期，58-73）。
王登峰・崔紅（2005）『解読中国人的人格』社会科学文献出版社。

【P】

パーソンズ，T.（1991）『文化システム論』丸山哲央訳，ミネルヴァ書房。

パットナム，R.D.（2001）『哲学する民主主義—伝統と改革の市民的構造』河田潤一訳，NTT 出版。
ピアジェ，J.（1975）『発生的心理学—子どもの発達の条件』芳賀純訳，誠信書房。
Piers, G. and Singer, M.B.（1971）*Shame and Guilt,* Norton.
ポランニー，K.（1975）『大転換—市場社会の形成と崩壊』吉沢英成他訳，東洋経済新報社。
ポランニー，K.（1980）『人間の経済　Ⅰ・Ⅱ』玉野井芳郎他訳，岩波書店。

【R】

羅家徳（2005）『社会網分析講義』社会科学文献出版社。
羅家徳（2008）「社会網絡和社会資本」（李培林・李強・馬戎主編『社会学与中国社会』社会科学文献出版社）。
羅家徳・張佳音（2007）「強，弱之分適用於中国人的関係嗎？—以組織内交易関係為例」（中国管理学会 2007 年大会〔11 月 20 日～22 日，南京〕）。
羅家徳・叶勇助（2006）「信任在外包交易治理中的作用（『学習与探索』第 2 期）。
羅家徳・叶勇助（2007）『中国人的信任遊戯』社会科学文献出版社。
羅家徳・周超文・張佳音（2009）『中国人不同関係的信任程度』（邴正主編『改革開放与中国社会学：中国社会学会学術年会獲奨論文集』社会科学文献出版社）。
黎煕元・童暁頻・蔣廉雄（2006）『社区建設—理念，実践与模式比較』商務印書館。
李培林（1992）「另一只看不見的手：社会結構転型」（中国社会科学雑誌社『中国社会科学』1992（5），3-17）。
李培林（1995）「再論『另一個看不見的手』」（中国社会科学院社会学研究所編輯部編『社会学研究』第 1 期）。
李培林（2005）『另一只看不見的手—社会結構転型』社会科学文献出版社。
李培林（2006）「企業化村落，産権残缺和人情信用—村落経済運行的社会邏輯」（李友梅他編『当代中国社会分層—理論与実証』社会科学文献出版社）。
李培林・李強・馬戎主編（2008）『社会学与中国社会』社会科学文献出版社。
李培林（2009）「20 世紀上半叶社会学的『中国学派』」（中国人民大学編『社会学』2009 年 3 期：31-38）。
李萍（2005）『中国道徳調査』民主与建設出版社。
李偉民・梁玉成（2002）「特殊信任与普遍信任—中国人信任的結構与特徴」（中国社会科学院社会学研究所編輯部編『社会学研究』2002 年第 3 期：11-22）。
李漢林（2005）「関係強度与虚擬社区—農民工研究的一種視角」（中国社会科学院社会学研修所編『中国社会学　第四巻』上海人民出版社）。
李漢林（2008）「変遷中的中国単位制度」（上海大学『社会』第 3 期：31-40）。
李継宏（2003）「強弱之外—関係概念的再思考」（中国社会科学院社会学研究所編輯部編『社会学研究』第 1 期）。
李妍焱（2006）「社会構造の変遷と社区事業の展開」（勉誠出版編『アジア遊学 83　特集中国社会構造の変容』勉誠出版）。
李国慶（2006）「北京のコミュニティ類型と近隣関係の特質」（専修大学社会科学研究所編『社会科学研究叢書 8　中国社会の現状』専修大学出版局，95-27）。
陸学芸編（2002）『当代中国社会階層研究報告』社会科学文献出版社。
李強（2005）「『丁字型』社会結構与『結構緊張』」（中国社会科学院社会学研究所編輯部編

『社会学研究』第2期)。
李強（2008)「社会分層」(李培林・李強・馬戎主編『社会学与中国社会』社会科学文献出版社)。
李強（2009)「転型時期城市『住房地位群体』」(中国人民大学『社会学』第11期：47-59)。
李明伍（1995)「『公 Gong』の社会的構造についての基礎的考察」(ソシオロゴス編集委員会『ソシオロゴス』19：36-50)。
李明伍（1996)「現代中国官僚制の研究―官僚制と『公共性』の動態的展開」(東京大学大学院博士学位論文)。
李明伍（1997a)「公共性的一般類型及其若干伝統模型」(中国社会科学院社会学研究所編輯部編『社会学研究』1997年第4期：108-116)。
李明伍（1997b)「『人情』的交換行為の分析」(『文教大学文学部紀要』11-1：51-73)。
李明伍（1998)「中国社会における顔の位相―面子と辱の文化試論」(日中社会学会編『日中社会学研究』第6号：97-119)。
李明伍（2001)『現代中国の支配と官僚制―体制変容の文化的ダイナミックス』有信堂。
李明伍（2005)「『顔社会』における公共性の現れ方―中国社会の公共性序論」(日中社会学会編『日中社会学研究』第13号：13-32)。
李明伍（2010)「中国社会論における『本土化研究』の現状と可能性―『本土化概念』によるアプローチを手掛かりとして」(『文教大学文学部紀要』24-1, 2010.9：119-154)。
李明伍（2011a)「中国都市部の社区における『自治』と『第三の手』」(『文教大学文学部紀要』24-2, 2011.3：41-76)。
李明伍（2011b)「中国社会の二重構造と『顔』論的アプローチ」(『和洋女子大学紀要』第51集, 2011.3：143-161)。
李明伍（2011c)「中国社会における『潜規則』の信頼基盤に関する基礎的考察」(『文教大学文学部紀要』25-1, 2011.10：119-157)。
林語堂（1992)『わが中国論抄』(鋤柄治郎訳), 黄河。
林宗弘（2008)「城市中国的無産化：中国城鎮居民階級結構的転型与社会不平等, 1979-2003」(台湾大学『台湾社会学』第14期)。
李路路（1995)「社会資本与私営企業家」(中国社会科学院社会学研究所編輯部編『社会学研究』第6期)。
李路路（2002)「制度転型与分層結構的変遷―階層相対関係模式的『双重再生産』(『中国社会科学』第6期)。
李路路・辺燕傑主編（2008)『制度転型与社会分層―基於2003年全国総合社会調査』中国人民大学出版社。
李雪（2008)「公正原則：通用性与専用性変遷」(張静主編『転型中国：社会公正観研究』中国人民大学出版社)。
李駿（2009)「住房産権与政治参与：中国城市的基層社区民主」(中国社会科学院社会学研究所『社会学研究』第5期：57-82)。
李春玲（2005a)『断裂与砕片―当代中国社会階層分化実証分析』社会科学文献出版社。
李春玲（2005b)「当代中国社会的声望分層」(中国社会科学院社会学研究所編『中国社会学 第四巻』上海人民出版社)。
李春玲（2006)「流動人口地位獲得的非制度途径」(『社会学研究』第5期)。

李春玲（2008）「移民与社会流動」（李培林・李強・馬戎主編『社会学与中国社会』社会科学文献出版社）。
李澤厚（1986）『中国古代思想史論』人民出版社。
李友梅（2006）「基層社区研究提問法及其変化」（李友梅他編『当代中国社会分層—理論与実証』社会科学文献出版社）。
李友梅（2010）「文化主体性及其困境—費孝通文化観的社会学分析」（中国社会科学院社会学研究所『社会学研究』第4期：2-19）。
李熠煜（2004）『関係与信任—中国郷村民間組織実証研究』中国書籍出版社。
魯迅（1992）「説『面子』」『魯迅散文』中国広播電視出版社。
廬漢龍・李駿（2007）「中国城市居民委員会工作的比較研究：上海与瀋陽」（吉林省社会科学院『社会科学戦線』第6期）。
呂慶広・王一平他（2007）『当代社会問題研究』中共中央党校出版社。
繆青（2007）「公民参与和社区和諧：理念，変遷和制度化趨勢」（北京市社会科学界連合会『中国特色社会主義研究』2007〔3〕）。
梁漱溟（1935）『中国文化要義』北京：商務印書館。
劉愛玉（2005）「社会転型過程中的職業地位評価：以北大本科学生調査為例（『青年研究』第4期）。
劉亜秋（2007）「声望危機下的学術群体—当代知識分子身分地位研究」（上海大学『社会』第6期：29-53）。
劉兆明（1993）「報的概念分析」（楊国枢・余安邦編『中国人的心理与行為（一九九二）』桂冠図書公司）。
劉兆明（2005）「華人的工作動機与態度」（楊国枢・黄光国・楊中芳主編『華人本土心理学（下）』遠流出版有限公司）。
劉軍（2006）『法村社会支持網絡——一個整体研究的視角』社会科学文献出版社。
劉宝駒（2006）『社会変遷中的家庭—当代中国城市家庭研究』四川出版集団巴蜀書社。
劉莉（2008）「不同関係中的衡平原則」（張静主編『転型中国：社会公正観研究』中国人民大学出版社）。
劉林平（2002）『関係，社会資本与社会転型—深圳「平江村」研究』中国社会科学出版社。
劉林平（2006）「企業的社会資本：概念反思和測量途径—兼評辺燕傑，丘海雄的〈企業的社会資本及其効効〉」（中国社会科学院社会学研究所編輯部編『社会学研究』第2期）。

【S】

佐斌（1997）『中国人的臉与面子—本土社会心理学探索』華中師範大学出版社。
蔡元培・陳独秀（2015）『蔡元培自述　実庵自伝』中華書局。
坂部恵・山崎賞選考委員会（1978）『仮面の時代』河出書房新社。
坂部恵（2009＝1976）『仮面の解釈学』東京大学出版会。
桜井庄太郎（1961）『恩と義理』アサヒ社。
桜井庄太郎（1971）『名誉と恥辱—日本の封建社会意識』法政大学出版局。
作田啓一（1967）『恥の文化再考』筑摩書房。
沙蓮香主編（1989）『中国民族性（一）』中国人民大学出版社。
佐々木衛・柄澤行雄編（2003）『中国村落社会の構造とダイナミズム』東方書店。
佐藤直樹（2001）『「世間」の現象学』青弓社。

Schudson, M., (1984) "Embarrassment and Erving Goffman's Idea of Human Nature," *Theory and Society*, 13(5): 633-48
シェーラー，M.（1978）「羞恥と羞恥心」『シェーラー著作集 15』浜田義文訳，白水社。
成伯清（2009）「怨恨与承認——一種社会学的探索」（江蘇行政学院『江蘇行政学院学報』第 5 期）。
石発勇（2005）「関係網絡与当代中国基層社会運動—以一個街区環保運動個案為例」（『学海』第 3 期）
Seligman, A.B. (1997) *The Problem of Trust*, Princeton University Press.
セネット，R.（1991）『公共性の喪失』北山克彦・高階悟訳，晶文社。
清水昭俊編（1995）『洗練と粗野—社会を律する価値』東京大学出版会。
秦海霞（2006）「関係網絡的建構：私営企業主的行動邏輯—以遼寧省 D 市為個案」（『社会』第 5 期）。
秦海霞（2007）『社会関係網絡的生産及地方化延続』人民出版社。
肖瑛（2008）「社区建設研究綜述」（中国社会科学院社会学研究所編『中国社会学年鑑—2003〜2006』社会科学文献出版社）。
蒋来文他（1991）「北京，広州両市職業声望研究」（『社会学与社会調査』第 2 期）。
朱旭峰（2006）「中国政策精英群体的社会資本：基於結構主義視角的分析」（中国社会科学院社会学研究所編輯部編『社会学研究』第 4 期）。
朱光磊他（2007）『当代中国社会各階層分析 2007 年版』天津人民出版社。
朱嶺楼（1992）「従社会個人与文化的関係論中国人性格的恥感取向」（李亦園・楊国枢主編『中国人的性格』桂冠図書）。
鄒川雄（1999）『中国社会学理論』洪葉文化事業有限公司。
首藤明和（2003）『中国の人治社会—もうひとつの文明として』日本経済評論社。
周玉（2006）「社会網絡資本与幹部職業地位獲得」（『社会』第 1 期）。
周怡（2008）「村庄声誉：一個無法略去的集体符号—H 村現象的社会学思考」（上海大学『社会』第 5 期：165-190）。
朱瑞玲（1991）「『面子』圧力及其因応行為」（楊国枢・黄光国主編『中国人的心理与行為（一九八九）』桂冠図書公司）。
朱瑞玲（2006）「中国人的社会互動—論面子的問題」（楊国枢主編『中国人的心理』江蘇教育出版社）。
Smith, Arthur H. (1899) *Village Life in China*, New York: Fleming Revelle.
Smith, Arthur H. (2005)『中国人的徳行』金城出版社（*Chinese characteristics*, Fleming H. Revell, 1894）。
副田義也（1993）『日本文化試論—ベネディクト『菊と刀』を読む』新曜社。
孫昕・徐志剛・陶然・蘇福兵（2007）「政治信任，社会資本和村民選挙参与—基於全国代表性様本調査的実証分析」（中国社会科学院社会学研究所編輯部編『社会学研究』2007 年第 4 期：165-187）。
園田茂人（1988）「中国的〈関係主義〉に関する基礎的考察」（ソシオロゴス編集委員会『ソシオロゴス』12, 54-67）。
園田茂人（1998）「職業評価の日中比較：SSM データとハルピンデータの対比からの知見」（園田茂人編『1995 年 SSM 調査シリーズ 19：東アジアの階層比較』21-40, 1995 年

SSM 調査研究会)。
園田茂人（2001a)『中国人の心理と行動』日本放送出版協会。
園田茂人（2001b)「中国の階層研究—今後の比較研究のために」(園田茂人編著『現代中国の階層変動』中央大学出版部)。
園田茂人（2005)「職業評価の社会力学—日中比較からの知見」(園田茂人編著『東アジアの階層比較』中央大学出版部)。
園田茂人（2008a)『不平等国家　中国—自己否定した社会主義のゆくえ』中央公論新社。
園田茂人編（2008b)『中国社会はどこへ行くか—中国人社会学者の発言』岩波書店。
孫立平（1996)「『関係』，社会関係与社会結構」(中国社会科学院社会学研究所編輯部編『社会学研究』1996年第5期)。
孫立平（2004a)『転型与断裂—改革以来中国社会結構的変遷』清華大学出版社。
孫立平（2004b)『失衡—断裂社会的運作邏輯』社会科学文献出版社。
孫立平（2005)「社会転型：発展社会学的新議題」(中国社会科学院社会学研究所編輯部編『社会学研究』第1期)。
孫立平（2006)「断裂：20世紀90年代以来中国社会的分層結構」(李友梅他編『当代中国社会分層—理論与実証』社会科学文献出版社)。
孫隆基（2004)『中国文化的深層結構』広西師範大学出版社。
宗剛他（2016)「改革開放以来我国職業声望排序及変遷研究」(『北京工業大学学報　社会科学版』第16巻第2期。
曾鵬（2008)『社区網絡与集体行動』社会科学文献出版社。
荘慧秋他（中華民国76年)『中国人的面具性格—人情与面子』張老師出版社。
宋時歌（2005)「権力転換的遅延効応」(中国社会科学院社会学研修所編『中国社会学　第四巻』上海人民出版社)。
鈴木努（2006)「社会ネットワークと一般的信頼—カスプ・カタストロフ・モデルによる形式化」(日本社会学会『社会学評論』2006, vol.57, No.3)。

【T】

戴五宏・張先清（2014)「当代中国宗族復興研究：回顧与反思」(『晋陽学刊』2014年第2期)。
単菁菁（2005)『社区情感与社区建設』社会科学文献出版社。
鄭暁明（2003)『異文化圏社会規範層次結構模型的比較研究』経済科学出版社。
鄭伯塤・林家五（1998)「差序格局与華人組織行為：台湾大型民営企業的初歩研究」(『中央研究院民族学研究所集刊』86：29-72)。
鄭杭生（2002)「社会学の中国化の幾つかの課題について」(楚雄訳，立命館大学編『立命館産業社会論集』第38巻1号，17-23)。
鄭也夫（2006)『信任論』中国広播電視出版社。
翟学偉（1993)「中国人際関係的特質—本土的概念及其模式」(中国社会科学院社会学研究所『社会学研究』第4期)。
翟学偉（1995)『中国人的臉面観』桂冠図書公司。
翟学偉（2000)『中国人行動的邏輯』八方文化企業公司。
翟学偉（2003)「社会流動与関係信任—也談関係強度与農民工的求職策略」(中国社会科学院社会学研究所編輯部編『社会学研究』第1期)

翟学偉（2004）「人情，面子与権力的再生産―情理社会中的社会交換方式」（中国社会科学院社会学研究所編輯部編『社会学研究』2004 年第 5 期：48-57）。

翟学偉（2005a）『中国社会中的日常権威―関係与権力的歴史社会学研究』社会科学文献出版社。

翟学偉（2005b）「個人地位：一個概念及其分析架」（中国社会科学院社会学研修所編『中国社会学　第四卷』上海人民出版社）。

翟学偉（2007）「報的運作方位」（中国社会科学院社会学研究所編輯部編『社会学研究』第 1 期）。

翟学偉（2008）「本土心理学研究中的本土資源」（楊中芳主編『本土心理研究取径論叢』遠流出版有限公司）。

翟学偉（2009a）「再論『差序格局』的貢献，局限，与理論遺産」（中国人民大学編『社会学』2009 年第 8 期：19-26）。

翟学偉（2009b）「従社会資本向『関係』的転化―中国中小企業成長的個案研究」（中国人民大学編『社会学』2009 年第 9 期：63-71）。

涂駿（2009）「論差序格局」（広東省社会科学院『広東社会科学』2009 年第 6 期）。

董雅麗・楊魁主編（2006）『関係文化与関係営銷』中国社会科学出版社。

唐鈞（2008）「従社区服務到社区建設」（田玉栄主編『非政府組織与社区発展』社会科学文献出版社）。

唐麗娜（2016）「近年中国社会信任度呈上昇趨勢」（『中国社会科学報』第 926 期）。

陶琳（2008）「中国語と英語における『面子』・『Face』概念の比較」（金沢大学『言語文化論叢』12，49-75）。

陶緒主編（1994）『要面子的中国人』国際文化出版公司。

唐有才・符平（2009）「転型期社会信任的影響機制―市場化，個人資本与社会交往因素探討」（中国人民大学編『社会学』2009 年 1 期：77-85）。

【U】

内沼幸雄（1983）『羞恥の構造―対人恐怖の精神病理』紀伊国屋書店。

内山雅生（2003）『現代中国農村と「共同体」―転換期中国華北農村における社会構造と農民』御茶の水書房。

于顕洋（2008）「中産階層的社区参与：意識与渠道研究」（湖南師範大学『湖南師範大学社会科学学報』第 2 期）。

【V】

Vogel, E.F.（1965）"From Friendship to Comradeship", *China Quarterly*, 21: 46-60.

【W】

若林直樹（2006）『日本企業のネットワークと信頼―企業間関係の新しい経済社会学的分析』有斐閣。

若林直樹（2009）『ネットワーク組織―社会ネットワーク論からの新たな組織像』有斐閣。

鷲田清一（1998）『顔の現象学―見られることの権利』講談社。

ウェーバー，M.（1971）『儒教と道教』木全徳雄訳，創文社。

Whitley, R.D.（1991）"The Social Construction of Business Systems in East Asia", *Organization Studies*, 12（1）: 1-28.

【Y】

山岸俊男（1998）『信頼の構造―こころと社会の進化ゲーム』東京大学出版会。
山岸俊男（1999）『安心社会から信頼社会へ―日本型システムの行方』中央公論新社。
山口定（2003）「新しい公共性を求めて」（山口定他編『新しい公共性―そのフロンティア』有斐閣, 1-28)。
山城祥二編（1982）『仮面考―シンポジウム』リブロポート。
柳田国男（1964）「罪の文化と恥の文化」『柳田国男集 30』筑摩書房。
Yang, Mayfair (1994) *Gifts, Favors, and Banquets: The Art of Social Relationships in China*, Ithaca, N.Y.: Cornell University Press.
Yan Yuanxiang (1996) "The Culture of Guanxi in a North China Village", *The China Journal*, No.35: 1-25.
安永寿延（1976）『日本における「公」と「私」』日本経済新聞社。
安永寿延（1982）「公と私の観念の変遷―異文化との接触を軸として」（日本社会心理学会編『年報社会心理学』23：27-40)。
余伯泉・黄光国（1991）「形式主義与人情関係対台湾地区国営企業発展的影響」（楊国枢・黄光国主編『中国人的心理与行為（一九八九）』桂冠図書公司)。
楊知勇（2000）『家族主義与中国文化』雲南大学出版社。
楊中芳（2000）「人際関係与人際情感的概念化」『本土心理学研究』第 12 期：105-179)。
楊中芳（2005）「中国人真是『集体主義』的嗎？」（中国社会科学院社会学研修所編『中国社会学　第四巻』上海人民出版社)。
楊中芳・彭泗清（1999）「中国人人際信任的概念化：一個人際関係的観点」（中国社会科学院社会学研究所『社会学研究』第 2 期：1-21)。
楊中芳・彭泗清（2005）「人際交往中的人情与関係：概念化与研究方向」（楊国枢, 黄光国, 楊中芳主編『華人本土心理学（下）』遠流出版有限公司)。
楊団（2002）『社区公共服務論析』華夏出版社。
楊栄（2008）「論非政府組織的社区功能定位」」（田玉栄主編『非政府組織与社区発展』社会科学文献出版社, 2008)。
楊宜音（1999）「『自己人』―信任建構過程的個案研究」（中国社会科学院社会学研究所編輯部編『社会学研究』1999 年第 2 期：38-52)。
楊宜音（2008）「当代中国人公民意識的測量初探」（中国社会科学院社会学研究所編輯部編『社会学研究』2008 年第 2 期, 54-68)
楊国枢・黄光国主編（1991）『中国人的心理与行為（一九八九）』桂冠図書公司。
楊国枢（2005）「本土化心理学的意義与発展」（楊国枢・黄光国・楊中芳主編『華人本土心理学（上）』遠流出版有限公司)。
楊国枢・葉明華（2005）「家族主義与汎家族主義」（楊国枢・黄光国・楊中芳主編『華人本土心理学（上）』遠流出版有限公司)。
楊聯陞（1987＝1957）「報―中国社会関係的一個基礎」（楊聯陞『中国文化中「報」,「保」,「包」之意義』香港：香港中文大学出版社)。

【Z】

Zucker, L. (1986) "Production of trust: Institutional sources of economic structure, 1840-1920", *Research in Organizational Behavior*, 8: 53-111.

あとがき

　本書での考察からも明らかなように，「顔」が重視される文化自体は否定されるものではない。しかしそれが社会の二元構造再生産の推進力となると同時にその二元構造のロジックに沿って社会諸領域を覆う「顔」の文化として人々の社会意識，行動を支配する現状は決して好ましいものではない。
　このような状況下では体制の標榜する社会公正の実現は原理的に不可能と言わざるを得ない。反腐敗を主導した者が腐敗で捕まる等の多くの事例が示すように，いわゆる反腐敗運動が腐敗を伴う形で展開される契機が原理的に備えられているのである。結果として共産党系メディア（『人民論壇』2010年第4期）も危惧しているような，権力の資本化によって営まれる「権貴資本主義」的な状況，具体的には権力者の一族・関係者が表舞台で支配する経済体制的な状況が，必然として現れるのである。
　社会の二元構造と「顔」の文化の負のループを断ち切らない限り社会公正の実現は考えられないが，しかし本書で考察した通り，この切断は容易ではない。ただ，問題の所在についての認識を深めることにより，このループから抜け出す努力を加速化させることはできよう。
　私はこれまで中国社会を解く鍵と言われる官僚制と「顔」の現象について研究を続けてきたが，率直なところ，中国社会の問題を解決するための確実な鍵といえるものを手にしたという実感はない。ただ官僚制的支配文化と「顔」の文化が依然として中国社会の大きな特徴をなしており，したがって現代中国社会の抱える社会格差から人格消費に至る様々な問題の解決にはこ

れらの特徴を手がかりとして取りかからなければならないという確信は覚える。

　官僚制と「顔」についての学問的研究がライフワークになっていることもあって，日常生活や仕事の面でも常にこれらの現象について観察をする習性がいつしか身についてしまっているような気がする。私はこれまで勤務している大学においてある意味「雑務」とされる役職（心理・社会学類長〔兼社会科学研究室長〕，国際学類長〔兼国際研究室長〕，人文学群長〔兼人文社会科学系長〕，副学長〔改組関連担当〕）を多く経験しているが，これは今となって考えると組織研究・官僚制研究への関心が潜在レベルの背景にあったような気もする（もちろん仕事として職責を果たしてきたつもりである）。これらの体験から，「役職」が「雑務」として認識されている部分があるということは，社会の健全性の現れであり，中国の社会変革の一つの方向性として考えることができるという思いを新たにした次第である。

　ところで本書出版に当たって既発表論文（「『顔社会』における公共性の現れ方─中国社会の公共性序論」〔日中社会学会『日中社会学研究』第13号，2005〕，「中国社会論における『本土化研究』の現状と可能性─『本土化概念』によるアプローチを手掛かりとして」〔『文教大学文学部紀要』24-1，2010〕，「中国都市部の社区における『自治』と『第三の手』」〔『文教大学文学部紀要』24-2，2011〕，「中国社会の二重構造と『顔』論的アプローチ」〔『和洋女子大学紀要』第51集，2011〕，「中国社会における『潜規則』の信頼基盤に関する基礎的考察」〔『文教大学文学部紀要』25-1，2011〕）の本書への反映に了承を示していただいた関係機関に謝意を表したい。

　なお，本書は和洋女子大学研究成果刊行補助費（平成29年度）の助成によるものであり，合わせて謝意を表する。

　本書がこのように上梓されることになったのはいうまでもなく周囲の多くの方々の支えがあってこそのことである。この場を借りて特に蓮見音彦先生（東京学芸大学名誉教授・和洋女子大学名誉教授），似田貝香門先生（東京大学名誉教授）に感謝申し上げたい。また，本書の出版を快く引き受けていただいた有信堂高文社の髙橋明義社長に御礼を申し上げたい。

最後に私事で憚れるが研究環境の確保に協力してくれた家族に感謝を表させていただきたい。

　2017 年 9 月 19 日

著者

事項・人名索引

ア 行

アイデンティティの問題系	11
煽る文化	137
亜規則	25
悪報	46
暖かい義理	63
有賀喜左衛門	90
安心	37
案前通気報告	27
池上英子	133
意地説	62
一元規則	28
一把手	22
一分	133
一般交換	55
一般指向	39
一般信頼	34
意味世界の重心	10
隠規則	25
隠権力	30
ウェーバー	33
埋め込み	22
縁	40
閻雲翔	79
冤仮錯案	47
演技的性向	19
縁―同	40
縁分	40
扇腹	133
王府	143
王法	52
オオヤケ	90
おもて（面）	10

カ 行

街居制	100
外人	74
階層間の境界	86
階層研究	85
階層分類	86
街道	94
街道経済	99
顔現象	11
「顔」の分化	125
科挙制度	136
学術界潜規則	22
核心域	79
家産均分	61
華人関係主義	59
家族企業	77
家族主義	60, 76
カテゴリー的信頼	37
可能域	79
カムラッドシップ	76
Galilean 的な人間観	82
関係	6, 28, 69
関係依存的自我	72
関係資本	70
「関係」的関係	53
関係的自我	82, 83
関係のプロトタイプ	82
関係網	69
感情	42
感情―義	42
官場潜規則	22
干親	42
間人主義	12, 82
「間人」モデル	82

幹部任用条例	22	権力下放	27
官僚主義	25	権力・経済資源障壁	85
愧	128	権力壟断体制	87
義	11, 42	公	89
記号的メディア	144	「好意の交換」説	62
貴己思想	30	交換	55
擬似家族関係	42	高幹病房	140
義的「顔」	11, 12	公共圏	89
ギデンズ	36	公共性	89
義務	62	公共性文化	90
「逆丁字」型の階層構造	85	公家	89
級別	140	黄光国	51
共益	79	紅五類	140
業縁	41	交際説	62
業主委員会	106, 111	合情	45
行政幹部	84	合情合理	52
行政級別	70	高信頼社会	38
共通の利害関係	86	構造的地位	71
共同体論争	83	構造的不安	134
「共」の空間	79	豪宅	143
居民委員会	94, 109	公徳	89
義理	61	「公」の三要素	90
義理人情	63	公平準則	59
儀礼的秩序	9	公理	117
均等準則	59	合理	45
金耀基	51	合理的選択	35
グラノヴェター	83	個化	61
経済エリート	87	国学	129
経済的資産	71	黒九類	140
形式化傾向	79	黒五類	140
形式合理性	10, 69	呉思	21
形式主義	25, 69	互酬性	55
形式正当	31	互酬の媒介	78
血縁	33, 41	個人地位	132
血縁原理	77	戸籍身分障壁	84
元規則	27	胡先縉	126
権限	27	ゴッフマン	9, 19
献身義務履行	44	個別指向	39
圏地	50	個別的信頼	37
限定交換	55	コミュニケーションの問題系	11
原人称	10		

サ 行

再配分	55
細分化	61
砕片化	86
細胞分裂	77
差序格局	4, 73
殺熟	47
佐斌	130
サムライ名誉文化	133
3エリートの同盟	87
三機関連合弁案	27
三者関係	80
三信危機	108
算帳	55
三農問題	18
三反五反	47
私	44
自家人	79
資源拡散	85
資源再集中	85
自己監督	100
自己管理	100
自己実現	11
自己人	74, 79
自己中心主義	82
自己服務	96
市場転換論	87
至尊	143
実質正当	31
士の倫理	59
司法潜規則	27
市民社会	85
社会価値	12
社会関係網	41
社会交換論	56
社会資源配分	12
社会資本動員	83
社会資本論	57
社会主義市場経済	17
社会通念	25
社会的交換の問題系	11
社会的資産	71
社会的知性	39
社会的連帯	11
社会統合	83
社区	92
社区建設	5, 100
社区サービス	95
社区実験	100
社区制	100
上海モデル	102
シュー（Hsu）	81
羞	128
就職機会の障壁	85
集団主義	82
羞恥	64
儒家関係主義	59
熟人関係	45
朱瑞玲	130
首藤明和	80
需要準則	59
巡視監査制度	22
恕	52
状況指向	39
小区	93
常識理性	115
商場潜規則	23
小人	139
小政府	102
象徴的メディア	144
上訪	22
情面	12
情理社会	52, 56
辱	128
職業威信評価	136
庶民倫理	59
所有の感覚	133
所与的空間	91
白川静	91
信	43
人格指向	39

事項・人名索引　173

人格支配	140	専業技術幹部	84
人格消費	139	先富	95
人格信頼	37	双規	27
人格の等級化	141	宗族復興	77
新合理的選択	35	増量返礼	46
親情	42	園田茂人	86
親情―倫	42	尊厳	11, 129
「仁」説	81	孫立平	85

タ行

深圳モデル	102		
尋租	22		
身体化	20	第三の手	4, 115
身体紅包	23	大社区	102
人的資本	71	大人	139
審美的秩序	28	体制外	85
信用	38	体制問題論	27
瀋陽モデル	101	体面	12
信頼	33, 36, 38	体面規範としての義理	62
信頼域	79	対面的相互行為	9
信頼生成メカニズム	35	他我	8
真理	117	打工	139
心理社会均衡	81	脱オリエンタリズム	7
心理的地位	129	「他への配慮」説	62
真理討論	20	「玉ねぎ」型の階層構造	85
趨利型非制度的生存	50	単位	94
スターバックス神話	87	単位社会	93
生活指針	130	断絶構造	85
政治エリート	87	「断裂」社会	85
誠実	43	地縁	41
政治的資産	71	知識エリート	87
政治身分障壁	84	恥辱	64, 139
精神綱領	8, 9	知人経済	36
生得-獲得	74	中間人	41, 80
生得的関係	33	中間人―面子	41
制度的地位	129	中間層	86
制度不備論	26	「超安定システム」論	117
制度論的アプローチ	3, 4	超越的存在	20
saving-face	9	超共同体的	63, 78
世界価値観調査	34	陳其南	76
世情	52	罪の文化	128
セネット	90	冷たい義理	63
潜規則	21	帝景	143

事項・人名索引　175

低信頼社会	38
翟学偉	44, 52, 127
転換期論	26
伝統文化論	28
天理	52, 117
档案身分障壁	84
同学	40
道義（規範）説	62
等級化傾向	140
同郷	40
党校	70
統合	28
「同士」的関係	69
同情	52, 65
同姓	40
当惑回避型人間	19
奴才	139
ドラマトゥルギー	9, 19
トンイズム	40

ナ　行

情けは人の為ならず	66
二元構造	3, 17, 20
二元構造化	4
二者関係	79, 80
人間関係的信頼	37
人情	6, 43, 49, 52
人情案	49
人情往来	49
「人情」義務履行	44
人情債	55
人情消費	54
「人情」帳簿	45
「人情」的交換行為	56
人情投資	55
「人情」の形式化	44
人情腐敗	50
人情―報	43
人情法則	43
人情―面子理論モデル	43, 51
ネットワーク化	84

能力的人格	135
「能力―道徳」説	126

ハ　行

ハーバーマス	90
灰色収入	17
恥の文化	62, 128
八栄八恥	135
反右派運動	47
汎縁主義	40
避害型非制度化生存	50
比較の文化	134
比較文明論	81
費孝通	4, 54
非制度化生存	18
批闘	138
評判	35
フェイスワーク（Face-Work）	9, 19
不確実性の縮減	47
副規則	25
複合家族	78
複雑性の縮減	38
復讐	46
フクヤマ	33, 38
物業管理条例	111
物権法	85, 111
Ptolemian 的な人間観	82
普遍信頼	35
普遍的人格	19
フレンドシップ	76
文化資源障壁	85
分家	78
文芸界潜規則	22
文崇一	45
平分	90
ベネディクト	62
変通	28
返礼規範としての義理	62
返礼性義務	44
報	6, 43, 45
房	78

報応	45	面子工夫	59
報恩	46	面子工程	8
報饗	45, 46	面子消費	8, 135
報賞	45	面子喪失	44
包的構造	41	もう一つの見えざる手	4
報答	45		
報復	46	**ヤ 行**	
朋友	42	役割義務履行	44
朋友関係	76	安永寿延	90
朋友原理	77	山岸俊男	37
没人格的な形式	75	楊宜音	74
ホマンズ	56	楊国枢	40
ポランニー	55	陽儒陰法	20
本事主義	138	陽奉陰違	20
本土化概念	5, 6	楊聯陞	45
「本土化」研究	4	弱い紐帯の強さ	56
本土思想	5		
本土実践	5, 6	**ラ 行**	
本土適合性	12	利	11
		李強	84
マ 行		利的「顔」	11, 12
正村俊之	62	利的面子	135
まひ（幣）	61	劉軍	80
まひなひ（幣）	61, 62	林語堂	8
溝口雄三	90	林南	70
「三つの代表」論	21	類似性	35
三戸公	90	ルーマン	37, 38
身分	84	礼尚往来	45
民族的文化心理	28	臉	126
室伏哲郎	61	臉面	6, 7, 127
名	11	臉面腐敗	135
名声	11, 56, 129	老板	139
名的「顔」	11, 12	老爺	139
名的面子	135	魯迅	8
名誉	11, 129, 131	論理的秩序	28
名誉的個人主義	133		
メンツ	9	**ワ 行**	
面子	6, 126	和諧	28
面子学	8		

著者紹介

李明伍（り・めいご）

中国五常市に生まれる。中国吉林大学外文系卒。同大学講師を経て来日。
東京大学大学院社会学研究科博士課程修了，博士（社会学）
現在和洋女子大学人文学群教授。
専門分野：社会学（比較社会学・中国社会論）

中国社会の二元構造と「顔」の文化

2017年12月1日　初　版　第1刷発行　　　〔検印省略〕

著者Ⓒ李明伍／発行者　髙橋明義　　　　印刷・製本／創栄図書印刷

東京都文京区本郷1-8-1　振替 00160-8-141750
〒113-0033　TEL（03）3813-4511
　　　　　　FAX（03）3813-4514
http://www.yushindo.co.jp
ISBN978-4-8420-6591-5

発　行　所
株式会社 有信堂高文社
Printed in Japan

現代中国の支配と官僚制——体制変容の文化的ダイナミックス	李　明伍著	六五〇〇円
「永続的ソジョナー」中国人のアイデンティティ——中国からの日本留学にみる国際移民システム	坪谷美欧子著	五六〇〇円
移動という経験——日本における「移民」研究の課題	伊豫谷登士翁編	三八〇〇円
移動から場所を問う——現代移民研究の課題	伊豫谷登士翁編	三八〇〇円
移動を生きる——フィリピン移住女性と複数のモビリティ	小ヶ谷千穂著	五〇〇〇円
女が先に移り住むとき	S・M・ジョージ著　伊藤るり監訳	三〇〇〇円
ディアスポラのパレスチナ人——「ワタン（故郷）」とナショナル・アイデンティティ	錦田愛子著	五六〇〇円
移民／難民のシティズンシップ	錦田愛子編	四八〇〇円
現代アフリカ社会と国際関係——国際社会学の地平	小倉充夫編	三五〇〇円

★表示価格は本体価格（税別）

有信堂刊

書名	著者	価格
20世紀社会学理論の検証	北川隆吉 編	四三〇〇円
人の移動と近代化——「日本社会」を読み換える	宮島喬 編	三三〇〇円
エスニシティと都市〔新版〕	中村牧子 著	四六〇〇円
大都市東京の社会学——コミュニティから全体構造へ	広田康生 著	七五〇〇円
「沖縄県民」の起源——戦後沖縄型ナショナル・アイデンティティの生成過程	坂下雅一 著	六二〇〇円
外国人市民と政治参加	和田清美 著	三五〇〇円
近代日本と国際文化交流——国際文化振興会の創設と展開	宮島喬 編	五八〇〇円
アメリカとグアム——植民地主義、レイシズム、先住民	芝崎厚士 著	六〇〇〇円
ペロニズム・権威主義と従属——ラテンアメリカの政治外交研究	長島怜央 著	四五〇〇円
	松下洋 著	

★表示価格は本体価格(税別)

有信堂刊